Henkels *Jagd ist Jagd & Schnaps ist Schnaps*

Walter Henkels

Jagd ist Jagd & Schnaps ist Schnaps

Aus der angewandten Lehre vom edlen Waidwerk

Mit Zeichnungen von Reiner Zimnik

Econ Verlag · Düsseldorf · Wien

1. Auflage 1971

Gesetzt aus der 10/13 Garamond der Linotype GmbH.
Gesamtherstellung Mohndruck Reinhard Mohn OHG, Gütersloh
Printed in Germany
ISBN 3 430 14298 9

Rolf Dahlgrün in memoriam

Inhalt

Jagd ist Jagd & Schnaps ist Schnaps Das notwendige Vorwort

I

Gleich zum Beginn einige Zweifel. Ein Unbehagen über die Jagd ist da, über – wie unsere Jagdideologen sagen – das edle deutsche Waidwerk, das wir, dem Duden und der DDR zum Trotz, nicht Weidwerk nennen mögen, sondern mit »ai« schreiben. Aber das Waidwerk/Weidwerk scheint mehr als ein Druckfehler zu sein. Es ist ein atmosphärisches Unbehagen, genährt übrigens von neuartigen Massenmedien, allen voran dem Fernsehen. Es hat sich in diesen Kreisen eine Art Angriffslust auf die Jagd breitgemacht, und wir Jäger fragen uns bestürzt, woran das liegen mag. Noch will sich die These behaupten, das Waidwerk sei edel. Daß daran Zweifel erlaubt sind, wird jeder zugeben müssen, der über den dritten Jahresjagdschein hinaus ist.

Jeder, der sich mit unserem Gegenstand befaßt, sollte das Feierliche und Hehre beiseite lassen, das viele, ich möchte sagen, die meisten Jäger und Redakteure unserer Jagdzeitschriften (sie nennen sich trotzig »Schriftleiter«) befällt, wenn sie vom Jagen reden. Man gerät schnell in den Verdacht einer konservierten Pubertät. Die ältesten Oberförster, die heutzutage leider Amtmänner oder Forsträte heißen, lassen das Ideologische schneller beiseite als mancher Kreisjägermeister, Kreisjagdmeister oder Kreisjagdbeauftragte oder wie die Meister in unserem Jagdföderalismus sonst heißen mögen. Ist die Jagd ein Religionsersatz oder gar eine Religion? Wie wohl tut ein Wort des höchsten Funktionärs der deutschen Jäger, Egon Anheuser, Präsident des Deutschen Jagdschutzverbandes: »Wir schießen Eigentore, wenn wir mit unverständlichen Bräuchen bei den Zuschauern Aversionen gegen uns wecken. Manchmal ist in der Selbstdarstellung der Jägerschaft der Schritt vom Erhabenen zum Lächerlichen mit einem Millimeter vollzogen worden.« Wie wahr! sagte der alte Oberförster.

II

Mit Pulver und Blei und Stahlmantelgeschossen, so meinen viele Nichtjäger, schießt der deutsche Jäger im deutschen Wald das deutsche Wild, gleich wie es ihm gefällt oder der Jagdschein es erlaubt. Eine Sozialgeschichte des Jägers, vom Feudalprivilegierten bis zu den Geldaristokraten und den braven Bauernjägern auf den Dörfern, die oft gar nicht so brav sind, ließe sich schreiben. Die meisten Jäger, nicht alle, gehören zum Establishment. Die These, das Waidwerk sei edel, trägt nicht weit. Hier plaudert ein von Kindesbeinen an passionierter Jäger, wie er sich gerne nennen möchte, über Wild und Natur, das sogenannte Böse, über Brauchtum und das Schickliche im Waidwerk. Auch über den Tierschutzpazifismus wird ein Wort zu verlieren sein.

Siehe da: es wird sich herausstellen, daß Jäger keineswegs »Schießer« sind, die das Wild ausrotten wollen. Ganz im Gegenteil: Jäger sind zunächst Heger oder sollten es wenigstens sein; gäbe es sie nicht, die Jagd wäre längst passé, das Wild nicht mehr vorhanden.

III

Jäger sind ein soziales Phänomen, zumal in dieser zerstrittenen, »unheilen« Welt. Das deutsche Waidwerk ist eine große schöne Sache, aber auch ein schillerndes Stück, in das man so viel Sentimentalität und Tiefsinn eingeschmuggelt hat, daß selbst alte Nimrode oft zu der Überzeugung gelangen: Nein, das kann nicht wahr sein. Grundmuster der Jägerei ist das Brauchtum. Weitgehend auf dieses Brauchtum sind, um die neumodische Sprache zu benutzen, die Strukturen und Verhaltensmuster der Jagd ausgerichtet. Das Brauchtum ist, verzeiht, die Basis. Es gibt immer noch welche, die möchten die Jagd zu erhabener Höhe hinaufführen. Aber die Nachsuche bei einem krankgeschossenen Stück Wild machen sie allzuoft nur mit halbem Herzen. Natürlich salbadert es sich schön über Ortega y Gasset. Man kann auch sonstige Jagdliteraturen nachplappern. Schön ist es, wenn sie abends, in der Hütte oder im Dorfgasthof, Lebensweisheiten von sich geben, etwa dieser Art: Im Frühling sind die Tage wieder länger. Oder, wie mein Vater vor fünfzig Jahren zum Sproß: Einen Bock muß man sich ersitzen.

IV

Wenn Jäger mit der Weisheit über das Waidwerk nicht mehr weiterwissen, dann suchen sie Zuflucht in der Tautologie und sagen so inhaltsschwere Sätze wie den: »Jagd ist Jagd, und Schnaps ist Schnaps«. Dieser Satz, der so schön ironisch klingt, ist dem Buch als Titel gegeben. »Jagd ist Jagd« stammt vom alten Hermann Huttel, einem Löns-Epigonen, »Schnaps ist Schnaps« kommt etymologisch aus der Sprichwörterkiste der Bauern und Fischer. Zunächst war ein anderer Buchtitel vorgesehen, und das war so: Im Jahre 1957, zwei Jahre vor dem Ende seiner Amtszeit, tat Bundespräsident Theodor Heuss einen Satz, der sich über die Gezeiten rettete. Bei einem Manöver der Bundeswehr bei Koblenz, wo Pioniere eine Brücke über den Rhein schlugen, tat er zur Generalität diesen Spruch, eine Mischung von Jux und schwäbischer Hintersinnigkeit: »Nun siegt mal schön«. Ich war Ohrenzeuge; mit einigen Journalisten stand ich neben dem Staatsoberhaupt.

Das Gemütsleben der Herren Offiziere geriet einen Moment in Unordnung, das Reglement und ihr Berufsstolz waren verletzt, dies ging zu weit. Die hurtigen Zeitungsleute brachten es zu allem Überfluß in die Presse; das Wort war reif für den Büchmann. Heuss hatte viel Mühe, die Arglosigkeit seines ins unreine und nur so in den Wind gesprochenen Wortes zu erklären. Die Militärs haben es ihm nie ganz verziehen. Auch hier wird ein Satz in den Wind gesprochen werden, Heuss plagiierend: »Nun jagt mal schön«. Das sollte der Buchtitel werden. Bei der Jagd hielt Heuss die Sache des Humanismus wohl für verloren. Mit seinen Phrasen-Ornamenten schlug er gerne eine Volte. Ich habe allen Jagden, die Heuss für das Diplomatische Korps im Soonwald im Hunsrück (auf Hochwild) und im westfälischen Oelde (auf Niederwild) veranstaltete, nicht als Mitläufer, sondern als mitmachender Schütze beigewohnt. Vermutlich mache ich mich noch im nachhinein der Majestätsbeleidigung schuldig, wenn ich sage, daß die flinken Heuss-Bemerkungen, die Scherbengerichten gleichkamen, mit Verlaub, ausgesuchte Schwatzhaftigkeit waren. Nichts für ungut, ich habe mir den Titel »Nun jagt mal schön« geschenkt. Der Heuss mag ein guter Mensch gewesen sein, mit uns Jägern hat er's ein für allemal verdorben.

V

Vor nicht allzu langer Zeit hat im Fernsehen ein Verhaltensforscher, der Wiener Professor Otto Koenig, Ansichten über die Jäger zum besten gegeben. Das deutsche Waidmannsherz, das für den Herrn Professor ohnehin ein Geheimnis und ein Rätsel sein mußte, war zutiefst getroffen. Aber wir deutschen Waidmänner sollten ruhig mal zugeben, daß hie und da etwas faul ist; wir sollten ruhig das Waidwerk ideologisch etwas entschärfen. Der Öffentlichkeit sind wir ohnehin manche definitiven Auskünfte und Informationen schuldig geblieben.

Etwa vom Zeitpunkt dieser Fernsehsendung an, die mein Journalistenkollege und gelegentlicher Skatbruder Dagobert Lindlau unter der Stichmarke »Unmenschliche Züge der deutschen Jagdideologie« auf die Fernsehscheibe brachte, gibt es eine Gut-Böse-Mechanik beim Thema Jagd, Schwarz und Weiß gewissermaßen. Hier sind es die guten Tierschutzpazifisten, dort sind es die bösen Jäger, bei denen sie sogar Faschistoides entdecken, weil das Wildtier »sozusagen auf der Flucht geschossen wird« (Koenig). Und als dann der Professor auch noch die Sache mit der mangelnden Potenz des Jägers und – ich glaube, auch das stammt von ihm – das Schießeisen als Symbol für den Phallus dargestellt hatte, da hatte er dem Faß die berühmte Krone ins Gesicht geschlagen. Auch noch der Satz kam aus des Professors Mund: daß in Wirklichkeit der Mensch angeborenes Jägerverhalten habe, er sei »ein jagender Affe, um es zoologisch auszudrücken«. Professor Koenig, so sagte damals Moderator Hans Heigert, sei einer »der bedeutendsten Verhaltensforscher der Welt«. Wohl denn! In diesem Verhaltensforscher-Koenig-Katalog war eigentlich alles versammelt, was sich unter dem immer diffuser werdenden Begriff böses Waidwerk subsumieren ließ.

Aber: Ganz so dumm, ganz so dämlich, ganz so töricht, faschistoid, affig und impotent waren die Jäger doch wieder nicht. Jene Amerikanerin, die als die Quelle galt, welche die Potenz der Jäger angezweifelt hatte, bekam Zuschriften von mehr als tausend Jägern, bitte schön, man möchte es ihr zeigen, und wann es sein könne.

Der Professor Koenig seinerseits, der berühmte Verhaltensforscher, man sah es deutlich auf der Fernsehscheibe, der schneeweißes Haar trug und dessen gleichfalls schneeweißer, nach unten viereckig gestutzter Bart das architektonische Zentrum des Gesichts war, sah mit seinen stechenden Augen aus wie ein Diktator, mit einem Wort:

Ganz außerordentlich sah er aus. Er war ein Prototyp. Die beiden bayrischen Jagdfunktionäre, die sich ihm in einer zweiten Fernsehsendung entgegenwarfen, wurden verschaukelt, denn diesen dialektischen Denkstrukturen des Professors waren sie nicht gewachsen. Allenfalls konnten sie auf dem Parkett, auf das sie der Professor holte, hin und her rutschen. Und wie sie da rutschten.

VI

Wenn alles wahr ist, womit Verhaltensforscher uns die Augen öffnen und uns auf den Zahn fühlen, dann müssen wir wohl – die Menschen, nicht die Jäger allein – »ein Übermaß aggressiver Triebe« abreagieren. Konrad Lorenz schreibt das in seiner Naturgeschichte der Aggression »Das sogenannte Böse«. »Dem Menschen (ist) in grauer Vorzeit ein Maß an Aggressionstrieb angezüchtet« worden. Und hier trifft es dann uns Jäger: »Unsere tieferen, gefühlsmäßigen Schichten nehmen ganz einfach nicht zur Kenntnis, daß das Abkrümmen eines Zeigefingers, das den Schuß löst, einem anderen Menschen« – und dem Wild – »die Eingeweide zerreißt. Kein Mensch würde auch nur auf die Hasenjagd gehen, müßte er das Wild mit Zähnen und Fingernägeln töten« (K. Lorenz). »In gewissem Sinne sind wir alle Psychopathen.« Aber trösten wir uns damit, der »Drang der Dunkelheit« reicht in unser Bewußtsein nicht hinein. Fragezeichen über Fragezeichen, Zweifel über Zweifel – gleichwohl werden wir Jäger uns dem Professor Koenig nur halbwegs anvertrauen.

VII

Ins Ungefähre hinein sage ich dies: Ich will versuchen, das Buch dem Pathos, der Larmoyanz und der falschen Sentimentalität fernzuhalten. Dies ist kein Nachschlagewerk der beschreibenden Jagdliteratur, es soll vielmehr unterhalten und etwas Nachsinnen in Gang setzen.

Insofern bin ich ein Dilettant, als mir das wissenschaftliche Handwerkszeug fehlt. Sehr vieles ist unorthodox, und ich werde mich mit einigen Herren der grünen Farbe reiben, schon weil ich eine ganz andere Sprache und Schreibe versuche, als sie in unseren Jagdzeitschriften betrieben wird. Bei einigen Jagdschriftstellern ist einem immer so, als ob sie abstehende Ohren hätten. Es sind allerlei kleine Impressionen und Reflexionen. So sehr heil ist unser Naturbild nicht mehr. Es ist klar, daß romantische Ansätze hier zu finden sind. Denn die Jagd übt immer noch ein wenig den alten magischen Zauber von Gefahr mit romantischer Beigabe aus. Die Gefahr kommt nicht mehr von Wilderern alter Art, die sind ausgestorben – die neumodischen Wilderer jagen mit dem Autoscheinwerfer –, die Gefahr kann weit mehr vom Nachbarschützen kommen, durch verirrte Schrote, vom Stahlmantelgeschoß will ich nicht einmal sprechen. Der Jagdschein oder der Jagderlaubnisschein ist manch einem fälschlicherweise eine Art Sicherheitsgurt.

VIII

Hier sind, hoffe ich, ein paar Gedanken, Beobachtungen, Begegnungen, Bilder und Töne originell. Beobachtungen in der Natur, von Bildern der Natur, bedürfen einer gewissen Sensibilität. Ich weiß nicht, ob ich imstande bin, das durch Sprache anschaubar zu machen. Ganz fern hat die Jagd einen melancholischen, elegischen Zug. Und ich selbst bin eine von Grund her dankbare Natur. Doch versäume ich es ungern, etwas Krittelei unter die Leute zu bringen.

Viele Jäger haben einen Tick für Trophäen. Es ist der wohl unausrottbare Zug zum Beutemachen. Wahrscheinlich ist es ein bißchen ungereimt, wenn man sie nach der Zahl der Nadler-Punkte betrachtet. Rheuma kann man sich auf Hochsitzen holen, eine Erkältung bei einer Drückjagd und eine Lungenentzündung ganz schlicht bei jeder Jagd. Die Welt war schon alt, als der erste rheumakranke Jäger von hinnen schied.

Ich habe Herren von geistlichem Stande erlebt, die die Büchse oder eine Flinte führten, obwohl es ihnen von ihren Kirchenoberen verboten war oder mindestens nicht gern gesehen wurde. Ein junger Kaplan, ein prächtiger Bursche aus dem Münsterland, holte ein Bukett Fasanen wie Tontauben aus der Luft. Ein Oberkonsistorialrat, der viele Jahre Parlamentspräsident war, Ende 1970 bei einer Hochwildjagd mein Nachbarschütze, dem zeitlebens viel Schußneid aus den Knopflöchern schaute, ergriff nach dem Treiben Besitz von einem Rotspießer, den ich erlegt hatte. Ein Dominikanerpater, ebenfalls ein Bauernbub, erbaute sich wohl am Evangelium, aber er war auch ein Meisterschütze auf flitzende Karnickel. Glockengeläut und Hundegeläut – beides erhellte den geistlichen Herrn den Tag.

Selbst wenn einer zwanzig oder dreißig Jahresjagdscheine hinter sich hat, kommt er in jedem Monat Mai zu der Erfahrung, kurz bevor die Bockjagd aufgeht, daß Grenzböcke die interessantesten Böcke sind. Es ist wahr, Grenzböcke, also solche, die dummerweise an den Reviergrenzen ihren Einstand genommen haben, sind zu bedauern. Hat man wohl daran gedacht, den Mann auszuzeichnen, der sagt: Laß erst mal den Nachbarn auf den Grenzbock gehen!

IX

Im Zusammenhang der Dinge muß es erlaubt sein, zu erzählen, daß ich am Fuße des Kaukasus, am Blauen Nil im Sudan, am Titicacasee in den bolivianischen Anden, in den Hohen Tauern und in der nördlichsten finnischen Tundra, hier als Soldat auf den Silberfuchs vom Fieseler Storch aus und in wenig waidmännischer Kondition, gejagt habe. Und zu jagdlichen Expeditionen aus einer Flugzeugkanzel über dem grönländischen Festland auf Moschusochsen, über Spitzbergen auf Ren und über Nowaja Semlja auf Eisbären kam es auch, als das Vaterland dem Soldaten bewaffnete Aufklärung im Land des ewigen Eises befahl. So können gewissermaßen noch nachträglich eigene Heldenstücke ins rechte Licht gerückt werden. Doch zu keiner einzigen Wildtrophäe aus der Arktisregion kam es. Hier müßte jeder für sich einstehen: nach vielen Jahren kommen einem die beiden Wiener Professoren in den Sinn, der Freud und der Koenig.

X

In diesem Buch finden sich unter den verschiedensten Leitworten Zitate, die, obwohl aus dem Zusammenhang gerissen, beruhigend oder aufregend sind. Viele Zitatenlieferanten blieben auf der Strecke. Wie Wildbret mit einem Hautgout manchen Leuten etwas besser schmeckt, so gibt es auch hier Zitate mit einem Hautgout. Jäger leben, nachdem sie selber etwas ins Schußfeld geraten sind, in einer frustrierten, verhohlenen, ärgerlichen Stimmung und Spannung, der Professor Koenig hat dafür gesorgt. Aber doch gibt es unter ihnen noch die ganzen, die harten Männer, die noch nicht auf das Golfspiel oder das Reiten abgesprungen sind; sie haben immer noch »überreift und überschneit den Sturm zum Bett gemacht«. Es gibt auch noch ein paar herkömmliche eiserne Burschen in Oberbayern, die schießen gleich ein Baby tot, weil man in der Mutter, auf deren Schoß es im Auto saß, einen Wilderer vermutete. Und ich kenne auch noch ein Lumpazivagabundus-Element unter ihnen. Jedem Jäger wollen wir sein Temperament gönnen. Es wird unter Jägern Klatsch und Tratsch und Bösewichterei herumgereicht, das Feld des Neides und der Reiberei ist reich bestellt. Man hat kein Verlangen, in jeder Jagdgesellschaft zuhören zu müssen, wie wenig waidgerecht sich dieser und jener mal wieder benommen habe. Aber auch Kameradschaft unter Waidgenossen gibt es, und sie tut wohl. Ich denke hier an meinen alten Freund Karl-Günther von Hase, den Staatssekretär und späteren Botschafter in London. Mit ihm und Gerd Lemmer war ich Pächter eines Eifelreviers.

XI

Eine geheime Macht ist die Waidmannssprache. Ich werde mich hüten, sie mit dem Rotwelsch der Gaunersprache in einem Zuge zu nennen, wie ich es einmal tat und einen Haufen von Jagdfunktionären in Bewegung setzte. Das Wort kommt mir heute stockend über die Lippen: ich bitte im nachhinein um Verzeihung. Fünftausend Vokabeln umfaßt die Waidmannssprache. Wann röhrt der Hirsch, wann setzt die Ricke, wann ranzt der Fuchs, wann rauscht die Sau, wann frischt die Bache? Mit verstörender Genauigkeit nimmt die Waidmannssprache in einem Satz Gestalt an: »Der Mensch sieht mit den Augen, das Wild äugt mit den Sehern.« Das ist die Jägerei mit aller Unmittelbarkeit. Sind solche Wörter, frei herausgesagt, Zauberformeln oder Flunkerei? Bei jeder Jungjägerprüfung feiert die Waidmannssprache Triumphe. Das ist ein weites, ein sehr weites Feld. Ich werde es lieber nicht betreten.

Bonn-Bad Godesberg Walter Henkels
im Sommer 1971

Die letzte Fährte in der Lüneburger Heide

Nach dem waidmännischen Augenmaß, das mir zur Verfügung steht, würde der Mann, dem ich dieses Buch widme, der legitime Kandidat – wenn es das gäbe – für den jagdlichen Nobelpreis sein. Man hört sein Jägerherz noch im nachhinein klopfen; in den letzten Dezembertagen des Jahres 1969 hat er sich von dieser Erde empfohlen. Nicht einmal das nötige Alter, das 65. Lebensjahr, das des verdienten Ruhestandes, wie man es nennt, hat er erreicht. Aber die letzte Fährte zog er in seiner Lüneburger Heide, wo es zwischen Hannover und Hamburg nicht das verschwiegenste Jagdrevier gab, das er nicht gekannt hätte.

Breit grinsend biegt er um die Ecke: wurde er nicht in jungen Jahren beim alten Geheimrat Robert von Hippel in Göttingen als letzter Doktorand mit der Arbeit »Neufassung des Wildereiparagraphen 292 Strafgesetzbuch« zum Dr. jur. promoviert? Überzeugt hat ihn damals gewiß die juristische Wissenschaft: aber haben nicht der Stresemann über den Flaschenbierhandel, der Heuss über den Weinverbrauch oder so ähnlich promoviert?

Es hatte Bühnenwirkung, wenn in den sechziger Jahren

der Bundesfinanzminister Rolf Dahlgrün auf seinem isabellenfarbenen norwegischen Fjord-Pferd »Troll« durch die Gefilde des Königsmoors in der Lüneburger Heide ritt, in seinem Jagdrevier, den Vierling geschultert, und ab und zu das Glas ans Auge führte. Das korrekte Sitzen auf dem Gaul würde womöglich der eine oder andere für einen Zug von Pedanterie halten, aber war er nicht schließlich der Finanzminister? Noch öfter freilich betrieb dieser Mann die Pürsch, die aus dem Mittelhochdeutschen pirschen, birschen oder bürschen kommt, nicht zu Pferde, sondern auf den eigenen Läufen, wie er sich zu jener Zeit vernehmen ließ. Es war, so durch Feld und Wald, Wiese und Moor ziehend, die Peripatetik mit sich selbst, die sanfte Isolierung von seinem Ministerium in der Bonner Rheindorfer Straße, von den sechzig Milliarden des Bundeshaushalts. Hier war er Mensch, hier durfte er's sein. Es war kein romantisches Flanieren, kein bürgerliches Spazieren, sondern das einsame Abtippeln der Gedanken, für deren Diskussion er hier keinen Bundeskanzler und keinen Staatssekretär brauchte, »die mir samstags und sonntags den Buckel runterrutschen können«, wie er in einem großartigen Aphorismus jeden Freitagabend in Bonn zur Kenntnis gab. Dreißig Jahre ist er Pächter des Reviers gewesen, wo es noch den Großen Brachvogel, den Kornweih, den Birkhahn und – in der Wümme – den Otter und die Otterin gab. Rolf Dahlgrün hatte bei seiner politischen Arbeit einen Fehler gefunden: die meisten Leute konnten nicht mehr abschalten; die Arbeit vergewaltigte sie. Die Natur stand ihm oft als Wehmutter bei, wenn er einsam seine Gedanken abtippelte.

Wenn er sich zwischen den Höfen der Heidjer am Karnickel- oder Fuchsbau vergnügte, wenn er durchs Glas den Blick übers Moor wandern ließ, wo der schwarze Bock zog, und wenn im August die jungen Kiebitze ihre Flugübungen vollführten, dann wußte er, daß die Zeiten viel nachsichtiger sind, als alle Leitartikler glauben machen möchten.

Sein Bild in der Erinnerung müßte von mehreren Seiten bespiegelt werden. 1969 schied er aus der aktiven Politik und übernahm das Amt des deutschen Repräsentanten der Welt-Naturschutzbewegung. Die Wahrnehmung, hier noch manches tun zu können, trafen alle, die ihn kannten. Keiner hatte wie er das Zeug, endlich die Brücke zu schlagen zwischen den jagdfeindlichen Naturschützern und den naturschützenden Jägern. Die Natur, auch das dazugehörende Wild, liegt innerhalb eines tödlichen Zirkels. Es möchte einen wohl interessieren, zu erfahren, was er aus dieser Arbeit gemacht hätte.

Was ich in diesem Buch erzähle, war als gemeinsame Arbeit zwischen ihm und mir gedacht. Schon Ende der fünfziger Jahre, als ich in seinem Niederwildrevier Königsmoor meinen ersten schwarzen Bock schoß, war der Gedanke da, ein gemeinsames Buch zu machen, halb Sachbuch, halb Belletristik. Rolf Dahlgrün konnte es, was die Jagdinformation anlangt, mit zwei Dutzend Fachleuten zusammengenommen gut und gerne aufnehmen. Ich sollte dem Ganzen die Feder leihen. Vor lauter Jahren kamen wir nicht dazu.

Er war kein Grübler, aber ein nachdenklicher Mensch. An Jägerstammtischen konnte er ein Schild vor sich hin pflanzen: »Schuttabladen hier möglich.« Wertvolle Aufschlüsse über diesen einmaligen Jäger kamen aus einer anderen Ecke: von seinen Hunden, die er selbst abrichtete und führte. Er hatte sich für den Foxterrier-Drahthaar entschieden. Drei seiner Hündinnen habe ich jahrelang erlebt. Die kompakte Sozietät von Herr und Hund war beträchtlich. Der Gehorsam der Tiere war vorbildlich. Die Großmutter war »Hummel«, die ihrem Herrn das Leben rettete, als ein starker Keiler Dahlgrün zu Boden geworfen hatte und, die Kugel im Leben des Bassen, über ihm stand und ihn schlimm zurichtete. Aber der Keiler hatte die Rechnung ohne Hummel gemacht. Hummel, fast erblindet, bekam nachher das Gnadenbrot. »Apsi«, die Tochter, war ihrer Mutter Hummel eine ungewöhnliche Kumpanin. Sie apportierten, waren kühne Schwimmer, gaben Hetz- und Standlaut, apportierten sogar Hasen, und Apsis Nase war wohl noch besser als die der Mutter. Die beiden Hunde haben in meinem Eifelrevier aus einer fünfzig Meter langen zugewachsenen und verschlammten Straßenkanalröhre einen alten Fuchsrüden herausgeholt, der im Dorf die Hühner stahl; es war eine Meisterleistung. Apsi stürzte mit einem krankgeschossenen Hirsch, den sie hetzte, in der Steiermark in eine tiefe Felsenschlucht; der Hirsch brach sich das Genick, Apsi die Rippen und war fortan invalide. »Biene« wiederum, bei der von den großartigen Anlagen und Passionen von Mutter und Großmutter alles erhalten war, von der Physiognomie bis zur Feinheit der Nase, überlebte ihren Herrn; sie war eine Bringselverweiserin, die bei jeder Gebrauchshundeprüfung die Note »Vorzüglich« bekommen mußte.

Wahrscheinlich gibt es Leute, die meinen, daß es partout keine Freude auf der Welt mehr gebe, Freude am Waidwerk und an der Naturbetrachtung besonders. Rolf Dahlgrün hat seine Augen in einem langen Jägerleben nicht nur im Kopf gehabt, sondern sie auch benutzt. Manche Einsichten in das geheimnisvolle Leben und Weben in der Natur hat er mir vermittelt. Wenn ich es so schreibe, ist mir alles klar – zitiert nach 1. Moses –: Er war ein gewaltiger Jäger vor dem Herrn.

Im Rücken die Weltanschauung des H. Löns

Hermann Löns, ein primitiver Jagd- und Heidedichter

Werner Bergengruen

Ich bin stolz darauf, daß man bei meinen Büchern nicht zu denken braucht. *Hermann Löns*

Als bewußter Christ stelle ich fest, daß Löns vor allem in seinem Roman »Das zweite Gesicht« destruktiv und antichristlich wirkt. Früher war ich Pastor in Meinerdingen in der Lüneburger Heide. Dort liegt das Grab des Heidedichters. Im Volksmund hieß es, von jedem dritten Kind aus einem Nachbarort sei Hermann Löns der Vater.

Max Bunkus

Dame, hellblond (natur), Norddeutsche, blauäugig, Dianatyp, Försterstochter, Buchhalterin, 45/176, ev., Idealistin, vereinsamt, da auf dem Lande lebd., gut. Aussehen, alles Schöne liebend, landverb., Köpfchen, enorm begehrenswert, sucht Mann der grünen Farbe mit Niveau z. gemeins. Pürsch durchs Leben, Hund, Hütte, Gespräch usw. Witw. m. Kleink. angenehm. Gesch. zweckl., beiders. Diskretion wird auf Waidmannsehre zuges. Zuschr. mit Bild (zurück) unter X an *Wild und Hund*

Er drückt das Händchen so weich und zart, / trara, trara, trara! / Er küßt ihr die Lippen nach Jägers Art, / trara, trara, trara! / »Und wolltest du wohl die Jägerin sein, / Du rosenrotes Herzliebchen mein?« / trara, trara, trara, trara, trara, trara / Das Mägdlein lispelt / Ja! *Jägerlied*

Auf einen Außenstehenden hat solch ein Schußbuch die Wirkung eines Telefonbuches: Viele Zahlen und wenig Handlung; für den Betroffenen aber ist es eine schier unerschöpfliche Fundgrube, aus der ihm scheffelweise das Glück von Jahren lacht. Es kann wirklich zur spannendsten Lektüre werden, und das bunte Erleben zieht vorbei wie Wolkenschiffe am Abendhimmel.

Friedrich-Karl v. Eggeling

Wer einen Treiber erschießt, muß die Witwe heiraten.

Alter Jägerspruch

Vor Sonnenaufgang beginnt das Tirilei

Die Wissenschaft hat es in langen Untersuchungen mit dem Chronometer herausbekommen: Die Amsel oder Schwarzdrossel beginnt ihren Morgenruf 43 bis 44 Minuten vor dem Aufgang der Sonne, das Rotkehlchen 34 Minuten, die Wildtaube 27 Minuten, der Zaunkönig 21 bis 22 Minuten und die Meise 9,5 Minuten (Adolf Portmann). Das Licht korrespondiert mit dem Gehirn des Vogels. Der erste Lichtreiz, der das Auge und damit die Zellen in der Tiefe des Gehirns trifft, entlockt dem Vogel automatisch ein Bravo-Bravo. Gesang bricht los. Zuerst ist der Gesang noch leise und demütig, aber schon bald ist das volle Tirilei da. Der Wald lebt.

Aber der Wald lebt auch mit dem Wildtier. Schon im Dunkeln, es war um drei Uhr in der Frühe, hatte der Jäger seine Kanzel bezogen. Er hatte sich eben zurechtgesetzt, da war auch schon der Gedanke im Hirn, ob in der dämonisierten Welt noch Glück möglich sei. Es war Glücks genug, daß ein Zaunkönig auf seiner Stiefelspitze Platz nahm. Nach zwei Sekunden war dem Vogel der Irrtum klar, der

Mensch erkannt, unüberbrückbare Meinungsverschiedenheiten kamen zutage, das Zetern ging los, dort saß für den Vogel das sogenannte Böse, der Mensch. Warum leugnen, daß der Mensch für das Tier das Böse ist? Es war eine Zugabe, zu der sich der Jäger entschloß. Er ahmte den Ruf der Taube nach: gru, gru, gruuh gru.

Die Entwicklung des jungen Tages ist hier etwas überstürzt angedeutet. In Wirklichkeit machen die Minuten und Fünf-Minuten sehr viel langsamere Fortschritte. Auf der Szene hoppelten bereits ein Hase und ein Karnickel; ein Fasanengockel putzte sich. Im Ablauf der Dinge mußte jetzt ein Greifvogel tief über den Acker und die Wiesen streichen. Tatsächlich kam ein Turmfalke, der wie ein Polizist die Frühkontrolle machte.

Dann trat das Reh aus. Der Jäger fühlte heftige Sympathien für die beiden Kitze, die ihm folgten. Der Hase entfernte sich, das Karnickel ebenfalls, beide zogen sie zu Holze. So konnte der Jäger mühelos die Rehmutter mit den beiden Kindern und den Fasan ins Auge nehmen. Der Tag war voll Glorie, als genau neben dem fernen Bauerndorf die Sonne millimeterbreit am Horizont erschien. Die Rehe und der Fasan schienen nicht schlecht gelaunt. Die beiden Rehkitze machten trotz des nassen Grases einige fröhliche Sprünge um die Mutter, die sich breit hinstellte, das Gesäuge zeigte und die Kinder trinken ließ. Rehe sind von außerordentlicher Lieblichkeit. Der Fasanengockel machte seinen ersten Morgengesang, ein schrilles Krähen, von dem man nie weiß, wem es gilt.

Der Augenblick verwandelte alles schnell. Die Rehmutter schien als erste die vertrauten Laute vernommen zu haben. Sie warf auf, äugte eine kurze Weile und sprang schreckend und schimpfend ins hohe Holz zurück, die Kitze mitnehmend. Sauen wechselten von den Feldern zu Holze. Auch noch anderes Rehwild begann zu schimpfen. Eine Bache mit acht oder neun Frischlingen kam im Troll. Der Jäger schürzte die Unterlippe, sollte er? Sollte er einen Frischling schießen? Mit ihrem stürmisch zur Schau getragenen Lebensbehagen verschwand die Rotte ebenfalls im Wald.

Zwei Stunden geschah nichts. Man möchte dem Jäger nicht persönlich nahetreten; es sind wackere Burschen, die sich morgens um drei, noch im Dustern, auf eine Kanzel setzen. Die volle Sonne lag längst auf ihm und dem Sommerbild der Natur. Das laute und leise Singen der zweiten Fortpflanzungszeit des Jahres, der Daseinskampf da unten in Feld und Wald, die Gleichung mit vielen Unbekannten, der Kleinkrieg der Kreatur, der in der scheinbar fügsamen und heilen Welt geschieht – der Jägerphantasie gerät es nicht, die Dimensionen dessen, was er bei diesem Anblick erlebt, zu fassen.

Ein Bock trat aus, vom weiten Dorf hörte er die Sechsuhrglocke. Es juckte ihn einen Moment, denn wegen dieses Bockes saß er an. Doch dann nahte die Gleichung mit vielen Unbekannten. Von Vogelwarnung angekündigt, schnürte eine Dorfkatze daher, einen Junghasen im Fang. Der Jäger ließ den Drilling sprechen. Fahr wohl, Katze! Schwarzweiß gefleckt war sie. Der Jäger warf sie unter den Schlehdornbusch, wo sie bald der Fuchs finden würde.

Der schlimme Fuchs und der arme Hase

Man möchte die Maßstäbe nicht verkehren. Ein Fuchs schnürte am gegenüberliegenden Hang, ohne die beiden Menschen diesseits zu gewahren, einen Rehwechsel entlang. Es war in der Eifel. Er hatte es eilig, denn manchmal ging er ins Traben über. Manche Vorsicht ließ er außer acht. Der Wechsel wurde an einigen Stellen als Paß von Hasen und Karnickel benutzt, die oben am Kamm zu Felde zogen. Es war, wie man durchs Glas wahrnehmen konnte, eine Fähe. Vielleicht hatte sie oder ihre Jungfüchse Appetit. Nichts schien logischer und unanfechtbarer als dies.

Auf ihrem schnellen Paß, keine Einzelheit entging dem Jäger und seiner Frau am Gegenhang, traf die Fähe plötzlich auf einen Hasen. Es war eine schlichte Begegnung. Dem Mümmelmann war vermutlich der Fuchs nicht einmal über die Schwelle seines Bewußtseins gerückt, da hatte ihn der Fuchs schon im Fang. Zwar gab es eine kurze Balgerei, aber da sah man schon die winkende Standarte des Fuchses mit der weißen Blume. Er hatte gesiegt. Der Hase klagte laut, und es erscholl die Todesklage im Talgrund wie bei einem Metzger, der das Kalb nicht gleich sachgerecht getötet hat. Die Illusionen, daß in der Natur alles klappt, auch wenn die eine Kreatur die andere schnell und mühelos schlägt und auffrißt, sind fast so billig wie ein Tagesjagdschein.

Die Welt spiegelte sich plötzlich in diesem Dialog zwischen dem Grünrock und seiner Frau, die er mit ins Revier genommen hatte. Der Jäger sagte: »Schlimmer Räuber«, die Frau sagte: »Armer Hase.« Man muß die Maßstäbe doch wohl verkehren.

Jagdsprüche – Goldene Worte

Die Jagd ist eine gute Leibesbewegung, da sich sowohl nach gethaner Jagd ein guter Appetit zum Essen findet, als auch das Geblüt in flüchtigere Circulation kommt.

Döbels Jägerpraktika

Jägerin, schlau im Sinn *Friedrich von Flotow*

Vor Rehen wird gewarnt *Vicki Baum*

Im Nachbarrevier meines Waldes schüttete schon vor Jahren der Pächter den Hirschen während der Brunft Äpfel vor, in die er Kirschgeist gespritzt hatte, der Kirsch sollte den Hirsch noch brunftiger machen.

Altpräsident Cosack vom Deutschen Jagdschutz-Verband

Nix andres ham's im Kopf wie ihre blöden Hirsch!

Gregor von Rezzori
Anleitungen zum Umgang mit Allerhöchsten, Höchsten und Hohen Herrschaften

Denn wenn der Schuß gefallen ist und aus diesem Tier, das ich bewundernd liebe, ein Haufen Wildbret geworden ist, dann habe ich einen unbeschreiblichen Kater, über den ich mich damit hinwegzutrösten versuche, daß ich mir sage, es sei schlapp, etwas zu bereuen, und in diesem Fall außerdem sinnlos, weil es verrückt wäre, aus Wald und Feld nur eine Massenzuchtanstalt für Rehe zu machen. Wir haben hierzulande die Wölfe und Luchse ausgerottet, und jetzt müssen wir selber Wölfe und Luchse sein, daß uns die Rehe nicht über den Kopf wachsen.
Professor Dr. Hans Krieg in »Ein Mensch ging auf die Jagd«

Es wird niemals soviel gelogen wie vor der Wahl, während des Krieges und nach der Jagd. *Otto von Bismarck*

Allen Waidwerks Krone ist die Pürsch aus der freien Hand.
Hermann Löns

Das Jagen ist doch noch das Beste. *Otto von Bismarck*

Es sind nit alle Jäger, die Hörnlein führen. *Jägerspruch*

Achte des Waidmanns heilig Gebot / Was du nicht kennst, schieße nicht tot. *Alter Jägervers*

Ist die Kugel aus dem Lauf, / hält kein Teufel sie mehr auf.
Alter Jägervers

Zwei Dinge scheut ein Jägerkind: schlechten Wein und schlechten Wind. *Jägervers*

Der weiße Leithund der heißt Schnee, der bringt dem Wild bittres Weh! *Jägervers*

Dürrholz, Jungfern, Federbetten / Manchem Bock das Leben retten! *Jägerspruch*

Von jeher werden die Brunftkugeln des männlichen Haarwildes als Treibstoff für die Begierde des Mannes angewandt. Ein Tiroler Jäger bricht den von Blaas erlegten Gemsbock auf und schneidet dabei die beiden Brunftkugeln bedächtig in Scheiben. »Ja, was tun's denn damit?« fragt Blaas. »Die werden mit Knoblauch geröstet.« Und das tut er, seit er Jäger ist, so über 50 Jahr. Mir graust. Er aber sagt, das sollten alle Jäger tun, das sei gesund. »Wie ich noch beim Ganghofer Jäger war, hab ich's schon immer gessen. Fragen S' grad mei Alte, bei mir ändert sich überhaupt nichts.«

Arno Beurmann in »Der Aberglaube der Jäger«

Wenn Aegidi Hirsch-Brunst naß, / Regnets vier Wochen ohn Unterlaß. / Tritt aber der Hirsch trocken ein, / So wird vier Wochen schön Wetter sein! *Alter Waidspruch*

Und nun finden Sie vielleicht die ganze Jägerei ziemlich scheußlich. Aber gäbe es keine Jäger mehr bei uns, dann gäbe es schon längst kein Wild mehr. Industrie und Landwirtschaft hätten jedes frei lebende Tier als ihren wirtschaftlichen Interessen schädlich längst ausgerottet. Und so gesehen kommt selbst den neureichen Prestigejägern noch eine biologische Funktion zu. Ohne ihr Geld wäre manches herrliche Rotwildrevier nicht mehr lebensfähig. Kein Hirsch ist im Winter jemals von den ehrenwerten Emotionen tierliebender Jagdgegner satt geworden.

»Sterns Stunde« im Deutschen Fernsehen

Es kann nur Aufgabe einer staatlichen Jägerprüfung sein, die im Interesse der Öffentlichkeit notwendigen theoretischen Kenntnisse und praktischen Leistungen der Bewerber zu gewährleisten. Die Fragen bei der Jägerprüfung »Woraus besteht das kleine Jägerrecht?«, »Welche Brüche erhält ein erlegter Rehbock?«, »Auf welcher Körperseite liegt das Wild bei der Streckenlegung?«, »Auf welcher Seite seines Hutes trägt der Jäger den a) Hutschmuck, b) Erlegerbruch?«, »Wie heißt der Schutzheilige der Jagd?« erscheinen dem Gericht nicht zulässig.

Verwaltungsgericht Regensburg

Der Postminister, die Forelle Liesel und die Verhaltensforschung

Wenn die Geiß, wie man südlich des Weißwurst-Äquators eine Ricke nennt, und das Kitz, also Rehmutter und Rehkind, miteinander sprechen, dann hört Ruth Stücklen gerne zu. Wenn die Geiß fiept, also einen Lockton von sich gibt, und das Rehkitz mit seinem dünnen Fieplaut antwortet, ist es ratsam, ein Weilchen zu verhoffen. Ruth Stücklen, die Frau des Postministers, sitzt auf einer Bank vor der Hütte, rein um die schöne Stunde zu versitzen. Es ist am hellen Tag, und es ist Sommer. Das Kitz befindet sich bei der Geiß in guter Hut, die Szene im besonderen ist liebenswert. Frau Ruth wagt das Wort: schön. Geiß und Kitz stehen abseits in der Wiese, über der wiederum der Atem des Lebens in seinem Zusammenklang steht. Neben der Hütte gluckert der Bach. Ihr Mann ist unterwegs, auf der Pürsch. Im Bach, der fernab der Isar, diese der Donau und jene wieder dem Schwarzen Meer entgegenziehen, gibt es wunderbare Gebirgsforellen. Eine der Forellen, die man nun schon lange kennt, heißt Liesel. Man hatte ihr den Namen im Frühjahr gegeben, als man zum ersten Mal nach langer Winterzeit hier Quartier nahm und man etwas dem Maibock-Bier Bescheid tat. Der Bundespostminister Stücklen ist ein aktueller Spaßmacher. Er hatte nicht nur den Konfessionsproporz bei den Briefmarken eingeführt, hie die Protestanten Bach, Lessing, Goethe, Schiller, dort die Katholiken Dürer, Gutenberg, Droste-Hülshoff, Beethoven, sondern auch die paar Forellen, die im Bach an der Hütte standen, mit Namen versehen. Liesel, wie gesagt, hieß die eine, Franz Josef die andere. Liesel war die zutraulichste geworden.

Etwas ganz und gar Absurdes, obwohl etwas ganz und gar Natürliches war mit der Hütte verbunden. Man hatte zwar für die Abende künstliches Licht, das man aus einer Propangasflasche bezog, aber der Bundesminister für das Post- und Fernmeldewesen hatte weder Telefon noch – und hier rannte man förmlich in eine Sackgasse der Zivilisation – einen Lokus. Aber wo hängt das Lebensbehagen von einem solchen ab, wo es so viel Wald und Wiese und Buschwerk gab?

Der Hausherr hatte mit seiner distinguierten Diskretion über den Bach, von der einen Seite zur anderen, den Umweltschutz nicht außer acht lassend, einen geschälten Fichtenstamm gespannt. Natürliches Buschwerk zur Tarnung war genügend da. Dieser Stamm war, man verzeihe, aber schonender kann es nicht ausgedrückt werden, der Abtritt. Der Minister nannte ihn, wie er's beim Kommiß gelernt hatte, den Donnerbalken. Kurz gesagt: mit der Notdurft ging es bachab. Vom Donnerbalken, durch ein kleines Guckfensterchen im grünen Bewuchs, hatte man den ganzen Tag über das Idyll der Geiß mit dem Kitz im Anblick. Denn die Mutter und das Kind, wenn sie nicht ästen, taten sich zwischen dem Gräser- und Blumenberg nieder, und man sah sie dann wiederkäuend mit ihren Lauschern spielen.

Aber in der Zurückgezogenheit des Gebirges gab es Probleme für die Verhaltensforschung, und Stücklen war dabei, den Wiener Herrn Koenig zu Rate zu ziehen, der das Faschistoide im Jäger entdeckt hatte. Die Forelle Franz Josef war ein scheues Wesen, und sie ließ sich immer nur für kurze Momente sehen, um bei der Wahrnehmung eines CSU-Politikers sofort abzuhauen. Anders dagegen Liesel. Politische Mächte und Wirklichkeiten nahm sie gar nicht wahr. Sie lebte mit den Stücklens, wenn das bei einer Forelle sein kann, auf denkbar gutem Fuße beziehungsweise, so müßte es wohl richtig heißen, auf flüchtig-fliehender Flosse.

Eines Tages benutzte Frau Ruth, um ihrer heiteren Laune Ausdruck zu geben, aus bestimmtem Anlaß satiniertes rosa Papier. Es mußte wohl wie ein Donnerschlag in Liesel gefahren sein. Liesel, das rosa Papier sehend, nahm Reißaus. Erst als der Minister wieder das altgewohnte Zeitungspapier in Benutzung nahm, kam Liesel wieder vertraut hervor. Das ging Tag für Tag so, bei Rosa riß sie aus, bei Zeitungspapier stand sie still in der Strömung und schaute zu. Die Geschichte sollte es bewahren, schon wegen der Verhaltensforschung. Was gehe in der Tierpsyche vor? fragte sich Stücklen. Es war der »Bayernkurier«, den er benutzte. Der Phantasie des Professors Koenig wollte er freien Lauf lassen.

Die Türkentaube ruft »du duh«

Die Jäger haben die grüne Farbe vervielfältigt. Die Multiplikation des Grüns ergibt: Grün ist der Anzug, der Schlips, die Hoffnung, das Hemd und der Hut des Jägers. Und einer der gewandtesten Ahnherren der deutschen Zunge waidmännischen Genres, Hermann Löns, ließ es dabei nicht bewenden; er sang: Grün ist die Heide, die Heide ist grün, obwohl sie das nie ist. Beim deutschen Jäger ist alles grün. Es gibt nichts Grüneres als den deutschen Waidmann, obschon das Sprichwort allgemein bekannt ist: »Wer sich grün macht, den fressen die Ziegen.« Grün ist selbst das Charakterbild des Jägers, das von der Parteien Haß und Gunst verwirrt und in der Geschichte schwankend geworden ist.

Ich sitze auf dem Hochsitz und erwarte den Bock; doch ein Vogel hat überraschend auf einer Kante des Hochsitzes Platz genommen, grau und fein rötlich getönt das Gefieder, schwarzer Halbring am Hals, der oberhalb hellgrau eingefaßt ist. Dieser Vogel, die Türkentaube, steht in keinem guten Ruf, und es besteht keine Hoffnung, daß ihm in unseren Städten einmal ein Denkmal gesetzt wird.

Wahrscheinlich sind längst Wissenschaftler dabei, ein Kapitel Verhaltensforschung über diesen Vogel zu betreiben, der im letzten Jahrhundert über Europa gekommen ist wie weiland die Bisamratte oder, in früheren Jahrhunderten, die Heuschrecke. Kaum ein Lokalredakteur irgendeiner Provinzzeitung hat das Auftreten der Türkentaube (Streptopelia decaocto) nicht kommentiert. Keine Großstadt und keine Kleinstadt, kein Wald- und Feldrevier und kein Kurpark, in denen man nicht ihr »Hulen« hört. In der Bundeshauptstadt Bonn behauptet eine Leserin, diese Tiere seien schrecklich; nicht das Geläut der frühen Kirchenglocken, nicht die Sozialgeräusche der frühen Morgenstunde, wenn die Kraftwagenmotoren zu toben beginnen, sondern eben jene Türkentaube raube ihr die Nachtruhe. Der Ruf dieser Taube von Fernsehantennen, Bäumen und Dächern sticht von der Norm des sommerlichen Vogelgesanges deutlich ab. Die Türkentaube huuuult; ihr nerventötender Ruf ist »du duh du duh du«. Der Lokalredakteur hat sich nicht um den Satz geschoren, sie, die ältere Leserin, werde sich noch umbringen, wenn nichts geschehe gegen die Türkentaube. Es muß Millionen dieser Spezies geben, allein in Deutschland.

Den Jäger, dem sie oft im Revier begegnet, verwirren sie; sie sehen alle ein wenig wie Madonnen aus. Brehm nannte die Taube »Weltbürgerin«, Picasso nahm sich die Freiheit, ihr einen Platz in der Politik, Hans Albers, ihr einen in der Schmalzkiste zu sichern. Tauben sind großartige Flieger, den Greifvögeln sind sie an Schnelligkeit und Wendigkeit überlegen. In manchen Wappen gibt es den Adler. Wo bleibt die Anmut der Taube im Wappen, die an

Symbolkraft doch so ergiebig ist? Eine Taube auf grünem Grund, das wäre was für die jagdliche Couleur. Ferdinand Raimund, der große österreichische Schauspieler und Dramatiker aus dem 19. Jahrhundert, beging mit sechsundvierzig Jahren mittels einer Pistole Selbstmord, weil er panische Angst hatte vor einem Hund, den er für tollwütig hielt. Hoffentlich versucht die Bonnerin, die in der Türkentaube etwas Schreckliches sieht, nicht ähnliches.

Näheres über die grüne Farbe

Wenn ich den grünen Wald durchjage

Orpheus in der Unterwelt

Es lebe, was auf Erden stolziert in grüner Tracht, die Wälder und die Felder, die Jäger und die Jagd. *Jägerlied*

... diese dickbauchigen, grün ummantelten Repräsentanten deutschen Neureichtums, jene Interpreten des »dolce vita« im Wald und auf der Heide! Die auf ihren verglasten Hochsitzen mit Petroleumofen und Sofa sitzen und ihre »Jagdhütten« mit Kachelbad und Television eingerichtet haben! Wer kennt sie nicht, diese Neujäger, die den (vom Jagdaufseher) erlegten Hirsch auf der Heimfahrt quer über dem Kühler ihres Wagens befestigen, obwohl der Kofferraum groß genug wäre!

Reinhold Metzger, Frankfurt/Main

Grün ist die Farbe des Propheten, und die Türken massakrierten jeden Soldaten, der etwas Grünes an sich trug, in fürchterlicher Weise ... Grün ist eine für sehr viele Lebewesen ausgesprochen beruhigende Farbe, ja man möchte sie auch in dieser Beziehung und nicht nur in ihrer physikalischen Komplementäreigenschaft als das Gegenteil von Rot bezeichnen. *Prof. Otto Koenig, Verhaltensforscher*

Die Jagd ist eine der ersten Beschäftigungen der Menschen gewesen, anfänglich bes. geübt, um sich u. ihre Herden gegen reißende Thiere zu schützen (Nimrod, Esau). Den Germanen war die J. ein edles Geschäft, außer dem Kriege fast das einzige, welches die Freien betrieben. Sie blieb auch im Mittelalter ein Vorrecht des Adels als der Grundbesitzer u. wurde zu Pferde u. zu Fuß, mit dem Bogen u. der Armbrust, od. auch mit dem kurzen Jagdspieß betrieben, auch v. Frauen u. der Geistlichkeit, bes. Falkenjagd. St. Hubertus war der Schutzheilige der J. u. Kaiser Friedrich II. schrieb ein Buch über dieselbe.

Pierer's Konversations-Lexikon

Der Waidmann soll sein: gottesfürchtig, eines guten Gesichts, eines guten Gehörs, schneller Füße, nicht gebrechlich, eines gesunden Atems und laut vom Halse, dauerhaftig, wachsam, unverdrossen, unversoffen, treu, von reifem judicio, aufmerksam, gesunder und gerader Zähne, geschwind in seinem Vornehmen, unverzagt und nicht furchtsam; er soll Liebe zu Hunden haben, die Reinlichkeit, zumal an seinem Gewehr, lieben, verschwiegen und nicht neidisch.

v. Göchhausen in »Notabilia venatoris«

Die Waidgenossen zitieren, in die Verteidigung gedrängt, ihren Renommierphilosophen Ortega y Gasset und wissen nicht, daß seine »Meditationen« längst als abwegig verworfen wurden. *»Publik«*

Je mehr wir Jäger die Mitwelt bedrängen, uns für besser als unsere Brüder halten zu sollen, desto eifriger schaufeln wir uns unser eigenes Grab.

H. G. von Lindeiner-Wildau, Botschafter a.D.

Im Mittelalter wurde die Begegnung mit einem Geistlichen als unheilvoll empfunden. Störte den grünen Jäger die schwarze Farbe? Alle Personen, deren Aussehen nicht dem Durchschnitt entspricht, erschrecken, so auch Blinde, Einäugige und Lahme. Die meisten Jäger empfanden es als ein schlimmes Vorzeichen, wenn ihnen beim Waidgang ein altes Weib begegnete.

Arno Beurmann in »Der Aberglaube des Jägers«

Von jeher habe ich, der ich selbst Landwirt und Jäger bin, den Standpunkt vertreten, daß Jagd und Landwirtschaft nichts Gegensätzliches zu sein brauchen, sondern daß Jäger und Landwirte eng und einträchtig zusammengehen müssen, so wie es ihrer natürlichen inneren Einstellung entspricht. *Edmund Rehwinkel, Bauernpräsident a.D.*

Gebt die Pfunde ihm, zwei Hirsche fehlte er

Es ist eins der scharfgewürzten Jagdsignale: »Joho, das ist das edle Jägerrecht! Gebt die Pfunde ihm! Mit blinkendem Blatt auf den Arsch, gebt die Pfunde ihm!« Die literarische Prätention des Signals ist nicht beträchtlich, aber ich hatte die Pfunde verdient. Kleinlaut berichte ich es hier. Ich bin ironisch genug, meine Schießkünste mit einem Fragezeichen zu versehen. In diesen Tagen der Hirschbrunft im Hochwald des Hunsrücks sagte ich dem Forstamtsrat und seinem Sohn, dem Oberförster, die mich einige Tage lang auf den Hirsch geführt hatten, ich sei sonst ein solider Schütze. Aber ich schoß ekelhaft.

Für die Hirschbrunft war es viel zu warm. Wir hatten das Vokabular des Wetterberichts gehört mit den stereotypen Phrasen »schwacher bis mäßiger, im Küstengebiet und im Bergland starker, in Höhen stürmischer Wind zwischen Süd und West«. Und dann kamen noch die »mitgeführten Tiefausläufer« und »strichweise Regen« und »nächtliche Tiefstwerte zwischen sechs bis acht Grad«. Dieses Vokabular der Meteorologen ist für die Hirschbrunft provokatorisch, es ist nicht gut. Das Thermometer sollte auf den Nullpunkt geraten, dann werden die Hirsche schreien und röhren.

Genau zehn Jahre vorher hatte ich hier einen achtbaren Hirsch gestreckt. Es war schon damals nicht das helle Entzücken, als wir den Hirsch verendet fanden. Auch die Miene des damaligen Oberförsters, des jetzigen Forstamtsrates, kann sich unbedenklich nachträglich noch etwas verdüstern. Diesmal nun war es eine Stunde auf dem Hochsitz an der breiten Schneise, mit der die elektrische Überlandleitung parallel lief. Hundertvierzig Meter standen die Eisenmasten voneinander entfernt, wie der Forstamtsrat sagte. Die Stunde am späten Nachmittag ließ Zeit zu allerhand Denkspielereien. Was dann, wenn plötzlich ein Hirsch aus der Fichtendickung träte? Der Oberförster hatte mir zwei Lebensweisheiten zugeflüstert. Die eine »Im Herbst werden die Tage kürzer«, die andere, es sei ein Sprichwort seiner Mutter gewesen, »Die Tage folgen einander, aber sie gleichen sich nicht«. Wie wahr!

Der Wind kam stürmisch die Schneise herauf, und plötzlich standen dort das Alttier und ein Kalb. Das Kalb schien bei der Mutter, dem Alttier, etwas rückzufragen, da folgte ein junger Hirsch, ein Sechsender, der sich im Anzetteln einschlägigen Brunftgetues noch nicht so recht zu verstehen schien. Harmlos stand er bei den weiblichen Stükken, zu denen sich noch ein Schmaltier gesellte. Das Wild war vertraut und begann, immer wieder sichernd, zu äsen. Man hätte mit Exaktheit sagen können, daß noch keins der Tiere brunftig oder gar beschlagen zu sein schien. Aber dann kam, aus der Dickung gegenüber, ein zweiter Hirsch, der den Eindruck des Mächtigeren machte. Der junge Hirsch ging im Troll ab, der ältere begann die Verführung des Schmaltiers, indem er es trieb. Aber das Unternehmen wurde nicht abgeschlossen, vielmehr setzte der ältere dem jüngeren Hirsch nach, der sozusagen als Beihirsch dem Rivalen und seinem Tun zugeschaut hatte. Es wollte ihm offenbar nicht in den Kopf, daß auch der Jungmann, der Sechser, sich an der Quelle der Quellen laben wollte.

Wir schauten dem Treiben durchs Glas zu. Der Forstamtsrat konnte den Hirsch ansprechen, wie es in der Waidmannssprache heißt, er sagte plötzlich, es sei ein Eissprossenzehner und ich könne ihn schießen. An die vierhundert Meter war das Rudel von uns entfernt. Der Wind war sehr gut. Wir baumten ab, und nahezu im Laufschritt nahmen wir einen Pirschpfad an, der am Rande der Dikkung entlang führte, und zwar zu einem Gestell, das Sicht und Schuß auf die Schneise erlaubte. Der junge Hirsch stand immer noch ratlos da mit seinen Minderwertigkeitsgefühlen, Alttier und Kalb ästen, der Eissprossenzehner, ich konnte ihn nun auch ansprechen, folgte dem uralten Drange aller Lebewesen, sich zu vermehren. Das Schmaltier hatte zwar den Wedel hochgereckt, aber es zierte sich noch. Etwas Zuspruch hätte es wohl gebrauchen können. Viel Lebensweisheit ist von so jungen Dingern noch zu erwerben.

Ich suchte längst auf einer Strauchgabel Halt für meine Büchse. Der Wind war sehr heftig, der Strauch wackelte. Der Jäger steht zur Kreatur, die er erlegen will, in einem wahrhaft süchtigen Verhältnis der Anziehung. Er nennt es Jagdfieber.

Ein weiteres Stück Kahlwild und ein dritter Hirsch standen plötzlich auf der Schneise. Auch sie der Ungeduld hingegeben, den Urquell der Natur zu finden. Der Forstamtsrat sagte wiederholt, ich möchte ruhig sein, nichts überstürzen, und wenn der Hirsch breit stände, solle ich schießen. Ich wußte nun wieder, daß ich für dieses Geschäft, ruhig zu schießen, nicht geschaffen bin. Ich zitterte entsetzlich. Es ist der vertiefte Jagdeifer des Jägers und wird Jagdfieber genannt. Ich sah Engel mit flammenden Schwertern.

Ob die Leidenschaft, einen Schuß loszuwerden, animalischer oder geistiger Art ist, vermögen wir nicht zu sagen, das wollen wir den Verhaltensforschern überlassen. Mag das Jagdfieber eine beschämende oder eine lobenswerte Eigenschaft sein, mein Glas im Zielfernrohr war plötzlich beschlagen. Aber ich wurde den Schuß auf den Eissprossenzehner los. Der Hirsch zeichnete deutlich, aber er sprang in hoher Flucht ab.

Ob ich gut abgekommen sei und wo, ob auf dem Blatt, tief, hoch oder wie? Der Forstamtsrat Schmidt ist ein erfahrener Hirschjäger, verliert nie die Geduld mit seinem Schützling, setzt nie die Miene des turmhoch Drüberstehenden auf, und bei empfindlicheren Naturen weiß er zu trösten. Was man meine, so sagte er, wieviel Hirsche er schon vorbeigeschossen habe.

Vorbeigeschossen? Bis zum Anschuß waren es genau hundertsiebzig Meter. Dabei hatte ich mir vorgenommen, nicht mehr über hundert bis hundertzwanzig Meter Entfernung weit zu schießen. Der Forstamtsrat senkte die Mundwinkel, versuchte aber keine Stachelworte. Die Dunkelheit kam, morgen früh werde man sehen.

Der Gasthof »Zum Schinderhannes« in Morbach war mein Quartier. Nebenan steht die Kirche. Man soll die Kirche im Dorf lassen, aber man muß ihr das zweischneidige Kompliment machen, daß sie es versteht, die Seelen der Menschen anzurühren. Jede Viertelstunde schlug die Kirche mit einem hallenden Schlag in mein verstörtes Gewissen. Man hörte den einen Klang durch alle Mißtöne hindurch, der nicht von dieser Welt ist, sondern in der Bibel steht: Der Herr siehet das Herz an. Aber lassen wir das. Ich schlief die ganze Nacht nicht. Jede Viertelstunde schlug die verdammte Kirchenuhr. Vielleicht saß der Hirsch im Wundbett.

Am nächsten Morgen, es hatte geregnet und gestürmt, zogen wir mit dem Hannoverschen Schweißhund, den der Oberförster führte, ins Revier. Wir fanden den Anschuß, trotz des nächtlichen Regens einige Spritzer Schweiß, ein paar helle Schnitthaare, die eindeutig einen zu kurzen, also einen Tiefschuß signalisierten. Weder der Förster noch der Hund faßten Vertrauen zum Tatbestand. Der Hirsch wurde nicht gefunden. Der Hirsch würde überleben, sagte man zum Trost. Würde er überleben? Man hat die deutliche Empfindung eines Fehlverhaltens der latinisierten Göttin Diana. Das eigene Fehlverhalten, die eigene Lumperei möchte niemand enthüllen. Vergebens suchte man nach einem Anhaltspunkt, wieso der Schuß so miserabel war.

Ich wechselte am nächsten Tag um auf den Sohn, den

Oberförster. Am »Wieschen« hatte der Vater gestern einen Hirsch sitzen sehen, in den hohen Schmielen saß er im Bett, verräterisch das Haupt mit den acht Enden zeigend. Der Hirsch hatte nicht geschrien, nicht getrenzt, nicht geknört; kein brunftiges Tier war zu sehen gewesen. Das »Wieschen« war eine Musterwaldwiese, früher einmal ein Futterplatz für das Wild.

Wieder war der Wind gut. Von Westen, vom Belgischen und Luxemburgischen her, kamen dicke schwarze Wolkenwülste heran. Der Oberförster und ich saßen nicht ganz eine Stunde auf dem Hochsitz, dann trat jener Hirsch aus, der Achtender. Der Fortschritt der menschlichen Unzulänglichkeit wurde wieder erkennbar. Es tröstete mich, daß der Oberförster nichts flüsterte als das Wort: »Schießen«. Ich langte mit der Büchse durch den Schlitz, versuchte, außen am Hochsitz Halt zu gewinnen, und hatte vom Hirsch, dem der Zielstachel mitten ins Leben zeigte, schon Besitz ergriffen. Mit dem Oberförster versuchte ich noch vor Aufregung etwas zu konversieren, indem ich das Wort »langsam« flüsterte. Im Laufe von zehn Sekunden hatte ich wieder das schönste Jagdfieber. »Lassen Sie sich Zeit«, sagte der Oberförster beruhigend. Der Hirsch stand breit und begann zu äsen. Er war sehr vertraut, alle Vorsichtsmaßnahmen ließ er außer acht. Für dies Entgegenkommen hätte ich ihm dankbar sein müssen. Der Hirsch stand hundert Meter entfernt. Da der Wildkörper so mächtig ist wie ein Klavier, hätte ihn jeder Jungschütze treffen müssen. Ich schoß vorbei. Es gibt keine Motivation für diesen Fehlschuß. Das Geschoß traf einen Stein und schlug Funken; der Schuß, wieder zu kurz, riß den Hirsch herum, ein einzigartiger Schreck muß ihm in die Hirschglieder gefahren sein. Die Nachsuche ergab eindeutig, daß der Hirsch gefehlt war. Keine Schußzeichen, nichts Handgreifliches.

Nichts konnte mir mehr die Zunge lösen. Die Erinnerung an die beiden gefehlten Hirsche ist zu unerquicklich. Ausreden gibt es nicht. Ist die Welt unvollkommen? Ist der Jäger unvollkommen? Ich hatte die Pfunde verdient.

Ein Credo an Jagdsprüchen

Die deutsche Jagd konnte bis heute bestehen, weil sie keine Reizbefriedigung war, sondern ein Ritual – mochten auch beim einzelnen noch so verstiegene Götzen zugrunde liegen, vom Großen Manitu zur Allmutter Natur. (All das hat mitunter im christlichen Hubertus nur einen sehr oberflächlichen Firnis.) Dennoch hat die Intensität dieses Rituals immer alle gesellschaftlichen Bezüge gesprengt, wobei man nicht gleich die Lady Chatterley bemühen muß: Im Gegenteil, die Männerbünde der Jägerschaft leiden eher an erotischer Stauung, die sich höchstens einmal in Ganghofer-Explosionen löst ... Da werden denn die zarten Geschöpfe der Boutique in der neuesten Lederweste auf Hochsitze mitgeschleift. Und wenn dann noch nach der Dämmerung der Kauz schaurig lautlos niederstößt auf das neueste Pariser Jagdhütchen der Gefährtin, da bleibt man beim nächstenmal lieber im Auto.

Peter Mörser in »Die Zeit«

Manchmal hat man mir auch schon ins Gesicht gesagt, ob ich mich nicht schäme, gegen das arme Wild die Kilometerbüchse zu führen und dazu Nachtgläser und Zielfernrohre. Das sei unfair . . . Und was dann dem Mord folge, sei vollendete Heuchelei: das Zeremoniell, mit dem die Jäger das Verenden des Opfers umgäben, der Bruch, der letzte Bissen, das Jagdhornblasen, die Saufgelage, das Bramabarsieren mit der Heldentat! *Forstmeister Karl Beringer*

Und schließlich, wenn die Jagd geschlossen ist, dann gibt es immer noch die hübschen Mädchen in den Feldern und im Heu. *Gustave Courbet, Maler*

Neben ihren sonstigen Vorzügen ist unsere Jägersprache auch taktvoll, wenn wir diese ihre Eigenschaft so nennen wollen, indem sie beispielsweise für Verrichtung des Stoffwechsels und der Fortpflanzung bei den verschiedenen Wildarten Ausdrücke gebraucht, die nicht gegen Anstand und Schamgefühl verstoßen; z.B. Lösen, sich lösen, das Sichentleeren beim Haarwild und bei den Hunden; Losung: der Kot aller Wildarten mit Ausnahme der Greifvögel, bei denen es Geschmeiß heißt; Nässen: für das Ablassen des Harns; Brunftkugeln: die Hoden des männlichen Schalenwildes; Brunftrute: das Geschlechtsglied des männlichen Schalenwildes; Feuchtblatt: das Glied beim weiblichen hohen Haarwild; Feuchten: Harn ablassen; Schnalle: äußerer Geschlechtsteil der Hündinnen und des weiblichen Haarraubwildes; Beschlag: der Begattungsakt beim Schalenwild. *Wilhelm Hochgreve*

Letzte Ruhestätte des ehrsamen und geachteten bürgerlichen Metzgermeisters Jeremias Saufüßl, durch einen unvorsichtigen Schuß auf der Hirschjagd erschossen aus aufrichtiger Freundschaft von seinem Schwager.

Tiroler Marterl

Die Hüttenjagd mit dem »Auf«, dem lebenden Uhu, ist eine der schönsten Jagdarten. E. v. Dombrowski führte um die Jahrhundertwende einen erfolgreichen Krieg gegen Rohr- und Wiesenweihen, indem er den Uhu im Rohr auf eine die Rohrwipfel überragende Krücke setzte, er selbst verbarg sich zwanzig Schritt davon im Rohr. E. v. D. hatte auf diese Weise 36 Rohr- und 3 Wiesenweihen geschossen, einmal sechs Rohrweihen an einem Vormittag.

Fritz von Pfannenberg in »Die Hüttenjagd mit dem Uhu«

Es ist zu überlegen, wie sich die Zahl des männlichen zu der Zahl des weiblichen Wildes verhalten soll. Ein Geschlechtsverhältnis von 1 : 1 ist nach allen neueren Untersuchungen und Verlautbarungen erstrebenswert. Überwiegt das weibliche Wild, ist jede Aufartungsmöglichkeit ausgeschlossen, da beim Rehwild die Einzelbrunft gegeben ist und der Bock in der Blattzeit etwa drei bis vier Tage nur bei einem Stück steht.

Erhard Ueckermann in »Der Rehwildabschuß«

Hinter jedem alten Weibe im Revier sollst du drei Kreuze machen.

Alter Jägerspruch

Ein mieser Jagdscheininhaber macht vor der Öffentlichkeit mehr Unheil, als tausend andere Gutes wirken können.
Egon Anheuser, Präs. d. Deutschen Jagdschutz-Verbandes

Der Wald trägt zum Sozialprodukt noch nicht ein halbes Prozent bei. Was aber der Wald für den Ausgleich des Klimas, für die Reinigung der Luft, was er als Wasserreservoir, was er für die Landschaft und als Oase der Stille für die Erholung bedeutet, ist nicht in Milliarden zu berechnen. Eine Untersuchung des Gebirgswaldes kommt zu dem Schluß, daß die Holzproduktion mit 32%, der Geländeschutz mit 22, der Wasserhaushalt mit 20 an den Leistungen beteiligt sei, die Erholung mit 14 und die Heimat für Tiere mit 12%.
Frankfurter Allgemeine

Es gibt in der Bundesrepublik 90000 Hirsche, ein Drittel davon stirbt jährlich den Jagdtod. Es gibt 1,3 Millionen Rehe, von denen fast die Hälfte zur Strecke gebracht wird. Obwohl der Lebensraum der frei lebenden Tierwelt sich beträchtlich verringert, gibt es heute mehr Wild, das übrigens nicht billiger geworden ist. Die Kosten eines abschußreifen Hirsches werden auf 30000 Mark und mehr geschätzt. Trotzdem ist Überhege festzustellen.
Allgemeine Forstzeitschrift

Unser geliebtes Wild hat leider sehr handfeste, arteigene Untugenden. Es sind ein halbes Dutzend: Schälen, Verbeißen, Fegen, Schlagen, Brechen und, nicht zu vergessen, der Flurschaden im Wald. Im besonderen ist alles Neue, alles Seltene bedroht. In Fichtenkulturen werden Lärchen,

Douglasien und Kiefern verfegt, in Kiefernkulturen das junge Laubholz verbissen. Beim Rot-, Dam- und Muffelwild gibt es Spezialisten, die aus reinem Mutwillen – nicht aus Hunger – in der Saftzeit die Rinden aufschlitzen, zerfetzen und wegschleudern. *Forstpräsident Rupf*

Tatsächlich habe ich hin und wieder selbst ein ungutes Gefühl gehabt, wenn ich den treibenden Bock von der Ricke wegschoß, auch das Empfinden, nicht gerade fair gehandelt zu haben. Die ganz große Waidgerechtigkeit kann einem so schrecklich auf den Magen schlagen.

Dr. Rüdiger Schwarz, Oberlandforstmeister

Mit Jagdtrophäen und der Eule Minervas leben

Des Waidmanns Ursprung liegt entfernt, dem Paradiese nah, / da war kein Kaufmann, kein Soldat, / kein Arzt, kein Pfaff', kein Advokat, / doch Jäger waren da! 1924, morgens vor Tag und Tau, an einem Sommertag auf dem Hochsitz in den Wupperbergen im Bergischen Land, fernab rief alsbald der Tauber grugruh-grugruh, Amsel, Rotkehlchen, Zaunkönig waren bald am Werk: Beim ersten Büchsenlicht trat der Bock aus. Der Vater flüsterte: Ruhe! Ich schoß – schon nicht mehr mit Schrot, wie ich es als Kind vor dem Ersten Weltkrieg noch erlebt hatte, sondern mit der Kugel – über Kimme und Korn. Der Bock war ein Kümmerer. Er war gewildert, denn ich besaß noch keinen Jagdschein. Vierzig Jahre später wurde das Gehörn, die erste Trophäe, aus der Eifelhütte gestohlen, mit vielen anderen Trophäen.

Mit Trophäen leben – da hängen die Gemütswerte des Waidmanns rund um den Schreibtisch zwischen Bücherborden, einige Dutzend, einige hundert. Geweihe vom Rothirsch, vom Damhirsch, Gewaff des Keilers, Kruken vom Gamswild. Grüß dich Gott, Sepp in den Hohen Tauern! Da hängt der balzende Auerhahn, erlegt beim ersten Verhören, da balzt der Spielhahn auf dem Bücherschrank, da hängen die zahllosen Gehörne des Rehbocks, kapitale darunter, da hängen die Decke des Damhirschs und des Gamsbockes, da liegt die Schwarte des Keilers, und auf der Krawatte, an Manschettenknöpfen und an der Bluse des Eheweibes haben Grandeln, die beiden im Oberkiefer des Rothirsches sitzenden Zähne, Platz genommen. Der Gamsbart am Jägerhut erinnert daran, daß ich vier Stunden brauchte, ihn durch Schnee, Eis und Fels zu Tal zu bringen. Geweihe und Gehörne verfolgen einen vom Arbeitszimmer durch die Diele ins Schlafgemach, und die Frauen sagen: Staubfänger; und sie sagen es mit Recht. Aber des Waidmanns Gemüt ist nun mal so gebaut.

Jeden Tag also, wenn ich an den Schreibtisch gehe, habe ich ein Rendezvous mit erlegten Tieren. Trophäen sind beim Tierschutzpazifisten verpönt. Aber die Beute, der Natur abgejagt auf Ansitz oder Pirsch, im heißen Sommer oder im kalten Winter, in der Frühe beim ersten Büchsenlicht oder bei der abendlichen Uhlenflucht, im Gebirge und in der Lüneburger Heide oder in der Eifel, zeigt einen Rest von Atavismus, vielleicht einstigen Waldläufertums. Sieben präparierte Fuchsbälge warten darauf, daß noch einige dazukommen, die Frau will's so. Aber die Tollwut hat Reineke dezimiert. An der Wand wendet ein präparierter Rehbock den Kopf, belehrendes Anschauungsmittel, was die Natur für seltsame Sachen liefert: Es ist nämlich ein schwarzer Bock. Den törichten, neugierigen Damschaufler traf die Kugel im Bonner Kottenforst. Die Gamsböcke stammen aus der Eisregion oberhalb der Baumgrenze. Und das ausgestopfte Murmeltier, im Hochgebirge erlegt, ein kräftiger Bär, wie man das Männchen nennt, wurde auch aus der Eifelmühle entwendet und hat vermutlich bei einem Althändler einen Käufer gefunden. Die beiden Staatssekretäre, »Mitbeständer« des Eifelreviers, überlassen die Fleißaufgabe der Hege dem, der keine Überstunden zu machen braucht. Und das letzte Geleit geben soll ihm kein Verleger und kein Rundfunkintendant, kein Bonner Kopf und kein Börsenmensch, sondern – metaphorisch, rein metaphorisch – der Bock, dem er viele, viele Abend- und Morgenstunden Ansitz widmete und den er nie bekommen hat. Die Jagdtrophäe als Zierat an der Wand: ich habe es nicht erfunden. Der Jäger ist gleichzeitig der Mensch von heute und der vor zehntausend Jahren. Oh, schöne Welt, in der die Eule Minervas in der Dämmerung zu fliegen beginnt.

Ex libris

Wie versöhnlich ist es doch, wenn einer mal wieder zeigt, daß ja gar nicht das Wild gemeint ist, worauf man schießt, sondern der Professor Freud.

Universitätsprofessor Peter Hemmerich, Konstanz

Sind die Jagdmotive der deutschen Politiker und Wirtschaftskapitäne im Prestigebedürfnis zu suchen? Nach meinen Beobachtungen an den geschilderten Subjekten handelt es sich vielmehr um einen atavistischen, in diesem Personenkreis besonders stark entwickelten simplen Mordtrieb. Erleben Sie einmal die widerliche Heuchelei, wenn diese Kerle am elendiglich verendeten, zu Tode gehetzten Tier den bundesdeutschen Sepplhut ziehen und am liebsten noch das Lied vom »Guten Kameraden« anstimmen möchten. *Peter Abendländer, Lörrach (Baden)*

Diplomatenjagden – sie gleichen am ehesten den Formen feudalistisch-gesellschaftlicher Vergnügen, die das Bild der Jagd einst prägten. Man gibt sich hier und dort recht erdverwachsen: Rolf Dahlgrün, ehemals Bundesfinanzminister, demonstrierte im Soonwald ausländischen Diplomaten deutsches Brauchtum: Den erlegten Hirsch »brach« Dahlgrün selbst »auf«, wie es sich für Waidmänner geziemt. Doch Dahlgrün blieb einsame Größe unter Deutschlands jagender Prominenz. *»Publik«*

Meiner lieben Frau, Friederike Freifrau von Maltzahn, geb. Burggräfin und Gräfin zu Dohna Schlobitten, der treuesten hirschgerechten Begleiterin, mit Waidmannsdank zugeeignet. *Albrecht Frhr. v. Maltzahn-Pinnow, Buchwidmung*

Mit am grausamsten aber gebärdeten sich manche Kirchenfürsten. So zeichneten sich beispielsweise die Würzburger Bischöfe im 14. und 15. Jahrhundert durch besonders schwere Strafen aus, mit denen sie den Wildfrevel ahndeten; dem Hasen-Luser ließen sie die Netze auf dem Rücken verbrennen, einem Schlingensteller ward der rechte Daumen, einem Fallensteller der rechte Fuß abgehauen.

Ortega y Gasset

Unbewußt erweist der Jäger dem Aberglauben seine Reverenz, wenn er Hirschgrandeln oder Adlerflaum oder einen Gamsbart oder gar an der Uhrkette einen Hasenlauf, eine Gamsschale oder einen Natternkopf trägt. Der Träger des Schmucks hoffte früher, daß die Kräfte der Tiere, von denen er Reste bei sich führte, auf ihn übergehen würden.

Arno Beurmann in »Der Aberglaube des Jägers«

Der Kreisjägermeister soll nach Möglichkeit die Tagespresse, zum mindesten die wichtigsten Zeitungen seines Bezirks, in bezug auf jagdliche Artikel überwachen und entstellende oder jagdfeindliche Veröffentlichungen, deren Erscheinen er nicht verhindern konnte, der Pressestelle der Deutschen Jägerschaft unter Angabe des Namens und des Erscheinungstages der Zeitung einsenden.

Dienstanweisung für Kreisjägermeister 1935

»Teifi, – Teifi!« flucht der Jager und poltert in die Hütte, »koa oanzige Gams in der Leitn – und grob wird's dazua; werden's sehn, es schneibt am Nachmittag!«

Karl Beringer, Meine schönsten Jagdgeschichten

Durch Wildkrankheiten, vorwiegend Parasiten, sterben jährlich in Deutschland ca. 90000 Stück Wild.

Forschungsstelle für Jagdkunde
und Wildschadenverhütung

Wer nie jagte und nie liebte, nie den Duft der Blumen suchte und nie beim Klang der Musik erbebte, ist kein Mensch, sondern ein Esel. *Arabisches Sprichwort*

Die Jagd auf Gams

Es ist die knappste Paraphrase für das Wort Jagdpassion: als ich den Gamsbock durch das Fernglas »angesprochen«, das heißt, ihn als älteren Bock erkannt und mich zum Schuß entschlossen hatte, überfiel mich das große Zittern, das Jagdfieber. Im Zustand des Jagdfiebers ist der Jäger eine tragische, manchmal komische Figur, mit der das Gefühl seine Späße macht. Das Jagdfieber ist identisch mit einem schlimmen Zustand der Erregung, aber der Jäger befindet sich dann in einem eigenartigen Schwebezustand. Noch bevor ich die Büchse entsichert hatte, war der Gamsbock vom Felsen, auf dem er Posten gefaßt hatte, verschwunden. Hatte er Wind bekommen? Ich hätte steil bergab schießen müssen. Er blieb verschwunden.

Es war an einem Septembertag, morgens kurz vor sechs, und man konnte eben von Büchsenlicht sprechen. Die Rache des Bockes war, daß er mir am nächsten Tage noch einmal schußgerecht kam, für Sekunden. Aber wieder empfahl er sich. Seit einigen Jahren ist man hinter dem Bock her. Ein anderer Jagdgast hatte eine ganze Woche vor mir auf ihn gepürscht und dabei einen vollen Tag mit fast zehn Stunden Sitzen auf einem Jagdstock zugebracht. In hoffnungsloser Verzweiflung war der Mann abgereist, auch er, wie ich, nicht zu Schuß gekommen.

Dies alles geschah im Schwarzwald, wo so beziehungsvolle Namen wie Höllental und Himmelreich, Hirschsprung und Falkensteig genau andeuteten, in welchem Forstrevier das war. Der Schwarzwald hat jetzt einen Bestand an Gamswild von einigen tausend Stück. Göring, der Reichsjägermarschall, dem die Jagd den Lebenszweck heiligte, hat 1936 bis 1939 einundzwanzig Stück Waldgams aus der Steiermark im Feldberggebiet des Schwarzwaldes aussetzen lassen. 1956 wurden elf Stück aus dem Schwarzwald in den gegenüberliegenden Vogesen ausgesetzt; der Bestand hat sich dort verfünffacht. Das Experiment ist hüben und drüben geglückt, doch sind Beobachtungen gemacht worden, die in die Gesichter mancher Forstleute Kummerfalten legten. Der Förster, dem ich mich anvertraute, sagte, die Verbißschäden in jungen Kulturen seien bei Gamswild fünfmal so hoch wie beim Rehwild. Der Regierungsdirektor von der Forstdirektion Südbaden erklärte hingegen, von Wildschäden könne man kaum sprechen; als Äsung bevorzuge das Gamswild Blütendolden des Alpendostes, Sauerklee, Fingerkraut, Heidelbeeren, Himbeeren und Brombeeren, im Herbst und Winter die Blätter dieser Beeren und die Gräser; Laubhölzer würden nur in der Not, Nadelhölzer so gut wie gar nicht angenommen.

Das Gamswild (Rupicapra rupicapra), auch Gams, Gemse (Berliner: »Jemsen«), Gemswild und Krickelwild genannt, gehört zur »hohen Jagd«. Einzelstück, ob männlich oder weiblich: der Gams; Mehrzahl: die Gams; weiblich: die Geiß.

Das Gamswild hat sich, wie Rot- und Rehwild, im Schwarzwald weitgehend zum Nachttier entwickelt. Die Touristen sind schuld. Es ist besonders heimlich und nur selten aus den Dickungen herauszukriegen. Ich muß an die Hohen Tauern denken, wo es noch Tagwild ist, und an meine Freunde, den Alber Hans und den Salentinig Sepp aus Mallnitz in Kärnten, bei denen ich nach abenteuerlichem Klettern im Fels unter der Geiselspitz vor vielen Jahren meinen ersten Gams erlegt hatte. Dort stellten die Berge rundherum das Panorama. Die Gebirgskämme sind, je nach Jahres- und Tageszeit, weiß, schwarz, blau, grün, violett, rosa oder rot. Im Schwarzwald hingegen schwimmt, zu den Vogesen hinüber, der Rhein dazwischen, ein seltsames Blau. Die Landschaft unterrichtet gewissermaßen Farbenlehre; sie ist Bläue, im Rheintal blaugrüne Felder; Waldinseln blauviolett, mit der Tendenz des Ultramarin zum Karmin, Brache etwas rosa, Getreidefelder gelblich. Als ich am dritten Tag noch einmal zwei Gams sah, sehr weit, standen sie in dem blaugrünen Schleier. Es schienen Mutter und Kind zu sein. Maler müßte man sein. Ich war froh, nicht zu Schuß gekommen zu sein.

Die Pürsch, etwas gelenkte Therapie

Wahrscheinlich verscherzt man sich die Chance, von Nichtjägern so ganz ernst genommen zu werden, wenn man von der Pürsch sagt, sie könne eine gelenkte psychische Therapie sein. Wer so für sich hin in die freie Natur marschiert, allein mit sich und dem Hund, die Phantasie nur dem frühen Morgen zugewandt, an dem pünktlich um 4.39 Uhr die Sonne am Horizont erscheint, die Wahrnehmung bei einem Stück Rehwild verweilt, das im Moment aufwirft und sich als junger Bock zu erkennen gibt, wer dann die Meditation auf den Fasanengockel konzentriert, der sich beim Näherkommen des Menschen ins Gras duckt – sage einer, das sei keine gelenkte Therapie.

Zwischen vier und fünf Uhr an diesem Morgen ist gewissermaßen die magische Stunde. Drücken wir es etwas gelehrt aus: Es ist die Therapie durch die Kommunikation mit dem jungen Bock, dem Fasan, dem Käfer, einem Dutzend Lerchen mindestens, die am Himmel hängen, und der Wachtel, die da irgendwo lockt. Und selbstverständlich der Sonne, die über dem fernen Dorf erscheint.

Ein Sensitivitätstraining, bitte schön, setzt ein, Meditation mit dem eigenen Ich. Das Alleinsein bewirkt es. Nicht mehr die vierteljährliche Steuervorauszahlung an das Finanzamt ist wichtig. Plötzlich kein getrübter Blick mehr für die Gegenwart, die doch genügend Anlaß zu Pessimismus bietet.

Mag sein, daß Vogeltirilieren über den weiten Feldern oder im Wald die Spießeranschauung vom Irrationalen der Natur bestätigt, aber mit einer anderen Konstruktion ist dieser Natur wohl keinesfalls beizukommen. Über das ewige Naturgeheimnis, über das sogenannte Walten der Natur, kann man allenfalls etwas stammeln.

Die Welt an einem solchen Morgen der Pürsch ist weder Paradies noch Schlaraffenland, denn zuviel Dramen werden einem da gleich geboten: der Turmfalke, der die Maus schlägt, der Eichelhäher, der das Nest des Singvogels plündert. Diese Natur lebt von der Zeitlosigkeit und ist wohl auch, Verzeihung, etwas Science-fiction-Märchen.

Hier gibt es abgezirkelte Ordnungen. Der Rehbock hat seinen genauen Einstand. Die Sauen freilich zigeunern viel umher, halten aber ihre Einstände ein. Der Hase verläßt nicht seinen Geburtsort über einen Kilometer hinaus. Etwas nebulös ist das mit dem Habicht, den es kaum noch gibt, und auch der Fasan verstreicht nur selten aus seinem angestammten Terrain. Der Zweikampf des Guten gegen das Böse in der Natur, des Starken gegen das Schwache, des Ungerechten gegen das Gerechte – hier wird auch der Mensch auf der Pürsch, morgens in der Frühe, keine Stellung beziehen. Vom Ästhetischen her ist ihm der Zweikampf zwischen den beiden Hirschen oder den Birkhähnen ein Genuß. Die Kreatur schlägt sich bei diesen Kämpfen wacker. Sie ist noch nicht nur in die Sendungen des Professors Grzimek oder gar in die Kinderstunde des Fernsehprogramms abgedrängt worden.

Unser Jägersmann setzt sich bei gutem Wind auf seinen Jagdstock. Mal sehen, ob die Bache mit den Frischlingen aus dem Hafer zu Holze zieht. Hat er vorhin nicht etwas quietschen gehört?

Dokumentarisches Kapitel

Ich sehe, wir haben allerhand gemeinsam.
Was tun Sie hier?
Jagen.
Warum tun Sie das?
Weil es mir Vergnügen macht.
Natürlich, weil es Ihnen Vergnügen macht. Sagen Sie mal, was halten Sie eigentlich von Rilke? *Ernest Hemingway*

Das bewegende und belebende Element dieses Herrenlebens bildete hauptsächlich die Jagd. Die Jagd war Sport, Erholung, Vergnügen, aber sie war noch mehr. Sie wurde als noble Passion, als (de jure oder de facto bestehendes) Herrenprivileg, als adelige Betätigung betrieben und ernst genommen. Während der Jagdzeit zu verreisen, war kaum angängig. Wer den Anteil der Jagdtrophäen an der Ausstattung der Schlösser kennt und weiß, wie gerne sich die hohen Herren als Jäger mit oder ohne Jagdbeute malen oder photographieren ließen, mag ermessen, wieviel man sich auf den Ruf eines gewaltigen Nimrods zugute tat.

Heinz Gollwitzer

Verboten ist, mit Schrot oder Posten oder mit gehacktem Blei oder mit Bolzen, auch als Fangschuß, auf Schalenwild und Robben zu schießen. Verboten ist, die Lappjagd innerhalb einer Zone von 300 Metern von der Bezirksgrenze, die Jagd durch Abklingeln der Felder und die Treibjagd bei Mondschein auszuüben. Verboten ist, Federwild zur Nachtzeit nachzustellen. Dies Verbot umfaßt nicht die Jagd: a. auf Schnepfen, Auer- und Birkhähne; b. Fischreiher, Fischadler, Möwen und Taucher, sofern diese auf künstlichen Fischteichen angetroffen werden. Verboten ist, künstliche Lichtquellen beim Fang oder Erlegen von Wild aller Art zu verwenden.

§ 19 des Bundesjagdgesetzes vom 1.4.1953

Jägerrecht, Jägersprache: die Teile des Wildbrets, die dem Jagdbeamten zugesprochen werden. Dazu gehören der Aufbruch, beim Hochwild auch noch der Graser (die Zunge) und der Talg, der mit der Hand abzubringen ist (kleines Jägerrecht); ferner als großes Jägerrecht: Kopf (nicht beim Schwarzwild), Hals, die ersten drei Rippen, Mörbraten (Filet), Geweih, Gehörn, Grandeln, Bart.

Der Große Brockhaus

Die altgermanische Jagdlust fand im 16. und 17. Jahrhundert noch immer vollauf Befriedigung, und die furchtbare Grausamkeit, womit gegen die Wilderer verfahren wurde, zeigt, wie streng die Aristokratie auf ihrem angemaßten Jagdvorrechte bestand. Herzog Ulrich von Württemberg gebot 1517, daß den Wilderern beide Augen ausgestochen werden sollten; aber den scheußlichsten Frevel dieser Art beging doch wohl ein geistlicher Herr, jener Erzbischof von Salzburg, welcher 1539 einen Bauer, der einen seinem Acker verderblichen Hirsch erlegt hatte, in die Haut des Tieres nähen und von den Hunden zerreißen ließ.

Johannes Scherr, Deutsche Kultur- und Sittengeschichte

Das Jagdgesetz der Deutschen Demokratischen Republik bietet zum ersten Male in der Geschichte der Jagd allen Bevölkerungskreisen die Möglichkeit, an der Jagd teilzunehmen ... Unter den in Westdeutschland herrschenden Jagdpachtbedingungen wird es dagegen kaum möglich sein, der Weidmannssprache eine so weite Verbreitung zu garantieren.

Joachim Ludwig, Usedom,
Wörterbuch der Weidmannssprache
VEB Deutscher Landwirtschaftverlag

Das Neueste für Jäger, Schützen, Angler! Soeben erschienen: der neue Mars-Katalog mit vielen interessanten Neuheiten und Preisschlagern. *Großversandhaus Quelle*

Aus dem Programm:
20.30 Uhr Hubertusmesse, Entzünden der Fackeln und Feuerschalen, Signal »Hirsch tot« (sämtliche Bläser). Während des Signals »Hirsch tot« wird, angeführt von der Hochwürdigen Geistlichkeit, der gerecht gestreckte Hubertushirsch, gefolgt von vier Falknern, vier Hundeführern und dem Bläserkorps Kronach, zum Altar getragen. Die Hubertusmesse wird vom Hochwürdigen Abt des Klosters Metten, Herrn Dr. Mayer, zelebriert; sie wird geblasen vom Bundessieger im Jagdhornblasen, dem Bläserkorps

Kronach. Beim Marsch des Hirsches, geblasen vom Bläserkorps Kronach, zu Ende der Messe, tragen Jäger, gefolgt von den Falknern und Hundeführern, den Hubertushirsch wieder aus dem Feierraum. Die Signale »Jagd vorbei« und »Halali« (sämtliche Bläser) beenden die Hubertusmesse. Nach Beendigung der Hubertusmesse gemütliches Beisammensein im 1000 Personen fassenden Bierzelt. Fotografieren während der Hubertusmesse ist aus begreiflichen Gründen strengstens verboten. Numerierte Sitzplatzkarten für die Hubertusmesse sind am Schießstand (Kartenausgabe) bis 18 Uhr, soweit noch vorhanden, erhältlich.

Programm der Hubertusmesse in Klingelbach,
Gemeinde St. Englmar, Landkreis Regen

Nun, meine Damen und Herren, soll aber auch offen und unumwunden zugegeben werden, daß der Jäger nicht im härenen Gewande eines Mannes durch den Wald geht, der sich selbst kasteit. Nein, der Jäger jagt, muß jagen und tut es gerne; er tut es mit »Passion«, was so viel wie »innere Leidenschaftlichkeit« heißen will. Viele Male schaut er nur und freut sich am Anblick, aber hin und wieder schießt er auch und freut sich dann noch mehr über die Beute. In ihm lebt noch etwas vom Urinstinkt der Menschen, die ja zuerst Jäger und dann erst Hirten und Bauern waren. Freilich soll das nicht heißen, wir hielten heute noch die Keule des Neandertalers hoch; es soll auch nicht heißen, wir nähmen (in Rudimenten) noch immer das feudale Herrenrecht absolutistischer Landesfürsten für uns in Anspruch.

Egon Anheuser, Präs. d. Dtsch. Jagdschutz-Verbandes

Ohne die Jäger gäbe es heute kein Wild mehr in Deutschland. *Professor Bernhard Grzimek,*
Naturschutzbeauftragter der Bundesregierung

Jedes Jahr, wenn die Herbstnebel wallen, greift eine heimliche Armee zu den Gewehren: Rund 200000 Bundesbürger – Unternehmer, Handwerker, Beamte, Bauern und Hausfrauen – ziehen in die Wälder und schießen aus allen Rohren. Auf der Strecke bleiben rund fünf Millionen Stück Wild – und gelegentlich auch Menschen. *Stern*

Das Heer der Sonntagsjäger geht auf die Pirsch aus Spaß am Schießen auf lebende Ziele, aus Geltungsbedürfnis.
Stern

Mindestens 300000 Unfälle ereignen sich gegenwärtig jährlich im Bundesgebiet durch Zusammenstöße mit Wild, das über die Straßen wechselt. Der Sachschaden hat die 50-Millionen-Grenze erreicht. Über 60000 Rehe werden jährlich überfahren, mehr als 120000 Hasen kommen jährlich unter die Räder. Unserer Volkswirtschaft wird ein Wildverlust durch Wildbretminderung von jährlich insgesamt DM 5573300 entzogen. *Präsident Egon Anheuser,*
Vizepräsident der CIC-Kommission für Schalenwild

Galland war Jungfrau, der Jagdherr schoß drei

Er blieb wie versteinert stehen und äugte ihn an. Halb in der Dickung stand er, war anscheinend gerade vom Rudel abgekommen, und der Mann gebrauchte, ohne die Lippen auch nur im geringsten zu bewegen, die bekannte Redensart: Verfluchte Kiste.

Der Mann saß auf dem Jagdstock, die Büchse auf dem Schoß. Intellektuell schien der Jäger ihm etwas überlegen zu sein. Nach vier bis fünf Sekunden sprang er ab, zurück in die Dickung, aus der man fern das Geläut der Hunde hörte. Der Muffelwidder, den der Vater noch ohne jede Anspielung Weißarsch genannt hatte, war weg.

Das Treiben kam näher, fernher das Rufen der Treiber. Zwei Schüsse fielen, das Echo verlief sich zwischen den Eifelbergen. Hunde, von Hause aus zur Nervosität neigend, hatten Wild hochgemacht. Diesmal schien es Schwarzwild zu sein, man hört es oft am Verhalten der Hunde, am Ton des knurrenden Vorwurfs in der heiseren Stimme. Wieder Schüsse, vier, fünf an der Zahl.

Auch das Wildtier, die Todesdrohung ahnend, neigt bei solchen Fluchten zu Hysterie. Es überfällt Wege und Gestelle, wo es das besser nicht getan hätte. Wo nämlich ein guter Schütze postiert ist, da reißt es Funken. Aber wer vom Kahlwild, vom Schwarzwild möchte sich ins Jenseits begeben?

Unser Schütze spricht im nachhinein immer höchst kräftig, anschaulich, oft lustig, von den Szenen, deren er während des Treibens teilhaftig wird. Der Widder also hatte kräftig mit seinem Warnlaut gepfiffen. Der Wind hatte den Geruch der Sauen aus der Dickung herübergetragen, es stank, aber der Jäger sagte: »Wie Gewürz.«

Gegen zehn Uhr hatte das erste Treiben begonnen, es dauerte fast eine Stunde. Man fror, dachte, da es in der Weihnachtswoche war, an die armen Heidenkinder, und gegen zehn Uhr dreißig brachte die Kaltluft polaren Ursprungs den ersten Schnee dieses Winters. Der liebe Gott und die Meteorologen zeigten sich erkenntlich: leise rieselte der Schnee, wie beim Dichter. Der Jäger, der auf dem Jagdstuhl sitzt, wird nachdenklich.

Es gab nur vier Treiben an diesem Tage. Gegen sechzehn Uhr war schon kein Büchsenlicht mehr, das Polare hatte etwas nachgelassen, das Thermometer mußte sich wieder über den Nullpunkt begeben haben, es war Schneeregen, der herunterkam. Bald ist man von der Sorge bedrängt, wann man bis aufs Hemd durch sein wird.

Die Wechselfälle der Jagd brachten es mit sich, daß weit mehr als die Hälfte von dreißig Schützen den ganzen Tag über keinen Schuß abgegeben hatten, sie waren Jungfrau geblieben, wie es in der Jägersprache etwas keck heißt. Auch der rüstige General mit dem Namen Adolf Galland war nicht zu Schuß gekommen. Er stammte noch aus der den jüngeren Herren wenig bekannten Ära. Aus schrägem Gesicht, den Blick in die entlaubten Kronen der hohen Buchen schickend, beim Dunkelwerden, sagte er mit seiner Jagdflieger- und Generalstimme zum Jagdherrn: »Nichts.« Das Wort war wie eine Reminiszenz des Tages: Nichts.

Vier Stück Rotwild waren in vier Treiben zur Strecke gekommen. Drei davon hatte der Jagdherr erlegt. Heil dir, Diana, keusche Göttin (Orpheus in der Unterwelt).

Die Kategorie der ganz Alten

Mehr als zwanzig normale Enden sind sehr selten. Berühmte Geweihe, wie der Sechsundsechzigender auf der Moritzburg, der vom Kurfürsten Friedrich III. 1696 bei Fürstenwalde geschossen wurde, der Vierundvierzigender, den Majestät, Kaiser Wilhelm II., in Rominten erlegte, sind natürlich sehr seltene Abnormitäten. *Fritz Skowronnek*

Johann, Johann! Wo bleibt denn das Gespann? Johann, Johann, wo bleibt denn das Gespann? Johann, Johann, komm doch heran, komm doch ran. *Jagdsignal*

Der teutschen fleiß war in gemein Jagen, Reiten, nicht viel still seyn, Lauffen, Rennen und auff solch weiß zu suchen narung und die speiß. *König Friedrich I. von Preußen*

1562 mußte es sich im liberalen Hessen ein »freier Wildbretschütz« gefallen lassen, daß ihm mit glühenden Eisen ein Hirschhorn in die Stirn gestanzt wurde. 1586, 1587 und 1601 schleppte ein Wilddieb bei öffentlichen Arbeiten, zu denen er verurteilt war, an einer Kette ein 20 bis 25 Pfund schweres eisernes Hirschgeweih hinter sich her. In Stießers Jagdgeschichte wird von einem Bauern erzählt, der zwischen das Geweih eines lebendigen Hirsches gebunden worden war, den die Hunde hernach zu Holze hetzen mußten, damit »dieser elende Mensch von Bäumen und Hecken« jämmerlich zerfleischt wurde. *Ulrich Brockmann*

Den Mann lernt man kennen im Spiele, in der Buhlschaft und auf der Jagd. *Sprichwort*

Es kommen soviel Stümpler und Beinhasen unter der Jägerei daher, daß viele die Jägerei und das Weidwerk gar nicht lernen, sondern sie laufen nur mit beiher und lernen bei der Gelegenheit etwa eine Flinte losschießen, alsdann sind sie schon Jäger, haben dabei brav Maulwerk, obgleich die Thaten sehr schlecht sind. *Döbels Jägerpractica*

So schoß mir ein anderes Mal unversehens ein fürchterlicher Wolf so nahe auf den Leib, daß mir nichts weiter übrigblieb, als ihm meine Faust in den offenen Rachen zu stoßen. Ich stieß immer weiter und weiter, ich packte ihn beim Eingeweide, kehrte sein äußeres zu innerst wie einen Handschuh um, schleuderte ihn zu Boden und ließ ihn da liegen.
Hieronymus Freiherr von Münchhausen, Bodenwerder

Dahin gehören auch die, denen das Höchste die Jagd ist, und die behaupten, es tue ihnen unglaublich wohl, wenn jenes abscheuliche Tuten der Hörner und das Geheul der Meute losgeht – ich glaube auch, der Kot der Hunde duftet ihren Nasen wie Zimt. Und welcher Genuß, das Wild auszuweiden! Ochsen und Hämmel darf die Plebs ausnehmen, aber Wild zerlegen nur der Edelmann.

Erasmus von Rotterdam

Ein Hirsch wechselt über die belgische Grenze

Nach Süden liegt der Hürtgenwald, durch den zwei Gewässer ziehen, die Rote Wehe und die Weiße Wehe, die vereint als Wehe in die Inde münden; die Inde fließt südlich Jülich in die Rur, die in Holland Roer heißt und sich bei Roermond mit der Maas vermählt, wie es in Lesebüchern ausgedrückt wird. Aus dem Naturpark Nordeifel kommen die beiden Wehe-Bäche.

Es gibt viele Berge, Hügel und Täler hier in der Eifel. Der liebe Gott, dessen Existenz zu leugnen hier niemand mehr gelingen dürfte, hat in diesen Tagen herbstfarben, satte und nimmersatte Farben auf der Palette, pointillistisch und doch pastos, sozusagen Neoimpressionismus mit plastischen Farbpasten, die nicht verlaufen.

Wenn es Anfang Oktober um sechs Uhr abends schon, um sechs Uhr morgens noch dunkel ist, dann ist das in Gang gekommen, was die Jäger treffend als Hirschbrunft bezeichnen. Die Schwächeren unter den Hirschen, Beihirsche genannt, werden möglichst abgeschlagen, sie umkreisen das Rudel. Der stärkste Hirsch beherrscht das Rudel;

er ist – mit Verlaub – die Respektsperson. Er hat das Abenteuer, die Beihirsche suchen das Abenteuer. Sie geben dem stärksten mehr oder weniger höflich den Vortritt. Im Dasein der Hirschdamen tritt der starke Hirsch selten auf; nur während der Brunftzeit tritt er aus seinem Halbschatten heraus. Außer der Brunftzeit stehen wirklich starke Hirsche nur ganz selten mit dem Rudel zusammen. Sie lieben die Unruhe der Kinderstube nicht. Sie haben eine scharf umrissene Meinung von der Jugend.

Man hört sie am Tag und in der Nacht trenzen und knören (das sind die leiseren, kurz abgestoßenen Brunftlaute des Hirsches) und den Brunftschrei von sich geben (was der Waidmann schreien, orgeln oder röhren nennt). Aber in diesem Jahr ist es nicht weit her mit der konzertanten Musik der Hirsche. Die großen »Konzerte« der Hirsche gibt es dann, wenn sich das Barometer dem Nullpunkt nähert, wenn es also kalt ist und Bodenfröste gibt und der erste Reif über die Landschaft fällt.

Trotz aller waidmännischen Terminologie sei es gesagt: einen Hirsch in der Kraft seiner Jahre schreien, orgeln oder röhren zu hören, auf einem Brunftplatz die Leidenschaft eines Zehn-, Zwölf- oder Vierzehnenders zu erleben, die schon allein aus seiner Kehle kommt – die Anschauung von der Kraft des Starken ist komplett. Der Platzhirsch geniert sich nicht, das Rudel Kahlwild allein für sich mit Beschlag zu belegen und den Beihirschen mit seinem Geweih deutlich zu machen, wer hier der Herr ist. Es ist das bekannte Symptom: die Kraft des Stärkeren. Tatsächlich »geht vom Geweih eine autoritative, Distanz gebietende Wirkung aus« (Portmann: »Das Tier als soziales Wesen«), das Geweih ist ein »Rangabzeichen«, das »getragen« wird. Der starke Hirsch leidet unter der Zwangsvorstellung, sein schwächerer Artgenosse möchte auch mal zeigen, was er kann. Das Femininum beim Rotwild kann sich nicht beklagen.

Nicht mehr als zweihundert Meter von der belgischen Grenze, im Kreis Monschau, sitze ich auf dem Hochsitz, neben mir der Herr Forstamtmann. Die Leute, die die Kulturgeschichte dieser Epoche einmal schreiben, werden das Kuriosum der Jagd an dieser Grenze festhalten müssen: ein jüngerer Vierzehnender, ein Kronenhirsch, zieht über die junge Fichtenkultur; er knört und hat sein Rudel verloren. Von uns droht dem »Geweihten« keine Gefahr, in Deutschland darf er nicht geschossen werden. Er wechselt hinüber zur Grenze. Es ist eine grobe Ungehörigkeit, wie er ins Belgische hinüberwechselt. »Passen Sie auf«, sagt der Forstamtmann leise, »gleich knallt's drüben.« Nach zwei Minuten, Schuß und Kugelschlag sind nicht zu überhören, ist der Vierzehnender, der Kronenhirsch, dieser König unter den Hirschen, tot. Die Belgier sind kaum weniger waidgerecht als die deutschen Jäger, aber sie haben andere Gesetzesbestimmungen. Der Forstamtmann kann es verantworten, mir einen »Eissprossenzehner« zu offerieren, eine Klasse unter dem »Geweihten«, der plötzlich aus dem hohen Fichtenholz tritt, offenbar zu keinem anderen Zweck, als erlegt zu werden. Wenn die heutigen Jäger, die sich Europäer nennen, und die jetzigen europäischen Gesetzemacher dereinst vor dem Richterthron stehen, werden sie einen schweren Stand haben. Hier, in Deutschland, halten sie Görings Zuchtideale hoch, die »Schlechtveranlagten«, die »Schadhirsche« und »Artverderber« abzuschießen, drüben, in Belgien, haben sie andere Vorstellungen vom Abschuß der Hirsche.

Jäger finden eine Menge schön; zum Beispiel die Jagd auf den Rothirsch. Daß sie öfters jubeln, still für sich, draußen in der Natur, ist gewiß. Daß sie aber auch manchmal weinen möchten, ist ebenfalls gewiß; zum Beispiel hier an der Grenze, in den Ardennen.

Die Jagdideologie erblickt das Licht der Welt

Nebenbei bemerkt, bricht die vornehme Jagdleidenschaft bei den Dortmunder Wirten, Agenten und Krämern oft so unerwartet durch wie bei den Kindern die Masernkrankheit. Unvergeßlich ist mir, wenn der kleine Dicke den Hirsch im wilden Forst sang und die ganze bierfrohe Schar bis zu Tränen gerührt den Kehrreim mitsang, dieselben Leute, die noch vor einigen Stunden allen Konkurrenten mitleidlos die Hälse abgeschnitten hatten. Ich mußte bei diesem Anblick an Heinrich Heines Worte von den Westfalen denken: Sind sentimentale Eichen!

Karl Richter, Dortmunder Agent

Beim Gamswild gilt die Jagd vorrangig der Trophäe, also der Krucke und außerdem dem Bart.

Franz Prager, Oberregierungsforstrat

Der Mensch ist auf Grund seiner Verhaltensausstattung ein optisch orientierter, taglebender Jäger und Sammler. Die Prähistoriker sind sich einig, daß schon die ersten Felszeichnungen aus dem Paläolithikum dem Jagdzauber dienten. Der Mensch zeichnete und malte die Tiere auf, die er fangen wollte, um sie dadurch magisch zu binden.

Professor Otto Koenig, Verhaltensforscher

Hubertusjagden mit Pferden und Hunden, mit feinen Herren in roten Röcken und weißen Hosen, mit schönen Damen in knapp sitzenden Reitkostümen erinnern heute in der Bundesrepublik nur an längst vergangene Feudalzeiten, an die unersättliche Jagdgier hoher Fürstlichkeiten, an die grausamen Schauspiele lustvoller Tiermorde. Mit deutschem Waidwerk hat dieses heute noch glänzende Symbol-Schauspiel nichts gemein. Schon 1936 wurde die Jagd mit dem Pferd auf lebendes Wild gesetzlich untersagt.

Franz-Joseph Granderath in »Publik visuell«

Wen nicht die Sehnsucht treibt, wer's nicht im Blute spürt, / Der soll die Hand vom edlen Waidwerk lassen, / Denn was den Waidmann an die Seele rührt, / Läßt sich nur fühlen, nicht in Worte fassen. *Walter Hulverscheid in ». . . und da sagte der Jägermeister«*

Ebenso wie die Spielleidenschaft kann die Jagdpassion eine Existenz vernichten oder zumindest in Frage stellen. Zum Ausüben von gutem, echtem Waidwerk gehört Selbstbeherrschung, und insofern ist Jagen eine vorzügliche Schulung des Charakters. Beim Jagen, wenn die Leidenschaft mitspricht, offenbaren sich ganz verborgene Wesenszüge eines Menschen. Man weiß auf einmal, ob einer großzügig oder neidisch ist, ob er mutlos wird im Mißerfolg oder mit eiserner Energie die Pechsträhne durchsteht und doch die gute Laune nicht verliert. Jagen ist geradezu ein Charaktertest.

Professor Lutz Heck in »Waidwerk mit bunter Strecke«

Nicht für gedankenlos stoffliche Genießer sind diese Blätter bestimmt, nicht für Masse und Mißwuchs, nicht für den Herden- und Lärmpöbel dieser verarmten Maschinenzeit: sondern für stille Jäger, denen gleich mir die Jagd fast schon zum Vorwand geworden ist, zum Vorwand für das köstliche und letzte aller Güter, die Einsamkeit.

Friedrich von Gagern in »Birschen und Böcke«

Außer Nebel ein Bussard und ein Autowrack

Das Treffliche am Nebel ist nicht nur, daß er der Landschaft zur Unansehnlichkeit verhilft, es ist mehr noch die abwehrende Gebärde der Natur, allein gelassen zu werden. Hinter der weißgipsenen Nebelmaske verbirgt sich ein Geheimnis. Indem ich das schreibe und nochmals lese, merke ich, daß ich damit bereits ein gutes Stück zu weit gegangen bin. Geheimnis?

Von allen Erscheinungen der sinnlichen Welt ist der Nebel die sanfteste, die beruhigendste. Alles Getier schweigt, der Vogelruf erlischt. Auf einem Weidenpfahl, aufgeblockt, saß der Mäusebussard, auf zehn Schritte ließ er einen herankommen, bevor er abstrich. Man konnte nicht ahnen, wohin er flog.

Der Hund marschierte neben mir; ihn fror. Rechts von mir, am Hang, mußten die scharfen, aufgezackten Konturen des hohen Fichtenholzes stehen. Nichts war zu sehen. Vornean, durch ein Wiesenstück, mußte der Bach in der launenhaften Senkung verschwinden. Der Nebel hatte das Geräusch des Wässerchens verschluckt. Nicht einmal das

Raunen des Wassers war zu hören. Wenn sich die Natur plötzlich vom Nebel entkleidete, sähe man von weitem den Bungalow des Pelzwarenhändlers am Rande des Dorfes. Sogleich wird man auf die Vermutung gestoßen, daß mit Pelzen Millionen zu verdienen sein müssen.

Der Nebel schluckt alle Formen. Des Jägers Pürsch scheint sinnlos. Was wollen Mann und Hund hier im Revier? Die Natur hat den Vorhang vor alles Getier gezogen. Sie hat es in die Hut des Nebels genommen.

Die bleigrauen Nebelschleier haben sich erboten, dem Jäger Gesellschaft zu leisten. Er, der da so früh seine Schlafstätte verlassen hat und dem Walde zustrebt, glaubt plötzlich wieder Kontakt zum eigenen Ich zu gewinnen, er wird die Bremsklötze los, die das eine ganze Woche verhinderten.

Plötzlich, als er im letzten Augenblick zögert, den Fuß mit dem Gummistiefel auf einen kleinen Käfer zu setzen, womit er sich bestätigen will, daß er hier die Herrschaft ausübt, hält er an und glaubt zu erkennen, wer er ist. Bringen wir ruhig etwas Tiefsinn und Metaphorisches in die Nebelbetrachtung, denn wir Menschen haben den Tiefsinn doch weitgehend gepachtet. Der Jäger, der durch den Nebel marschiert, ist in einem höchst tiefsinnigen Weltverständnis.

Etwas Verzauberung, etwas Beglückung ist plötzlich da. Wie aus Filigran gedreht der Hochwald, die kahlen Rotbuchen, Eichen darunter und Hainbuchen. Keine Verordnung über den Umweltschutz kann dem Nebel verbieten, durchs Geäst zu ziehen. Das ehernste Eichendorff-Wort vom Walde, aufgebaut so hoch da droben, wird plötzlich durch den Nebel zur Attrappe. Ungestraft kann der Nebel, der sein Gewand ausgebreitet hat, auch durch den Wald ziehen, er kriecht nicht nur an den Waldrändern entlang.

Als der Jäger die Höhe erreicht hatte, standen dort die Bank, das Gestell des trigonometrischen Punktes und ein Autowrack, Butterbrotpapier und Pappbecher lagen da. Die Gedanken wurden plötzlich rege. Die Figur des Naturschänders wurde sichtbar, obwohl man nur in Anspielungen dachte und denken durfte, warum es den mittelalterlichen Pranger oder die Prügelstrafe nicht wieder geben sollte. Der Hund hob am Autowrack das Bein. Melancholisch zog der Jägersmann von dannen. Die Pürsch im Nebel war zu Ende.

Noch etwas ideologische Verbrämung

Zuweilen glauben wir, Jäger zu sein, und kehren erlegt aus dem Walde zurück. *Spanisches Sprichwort*

Die Jäger hegen nur, damit sie nachher mehr zum Schießen haben. *Tierschützer X aus Y*

Wir jagen nicht der Beute wegen, sondern um des Schönen willen bei der Jagd. *Gelübde des Deutschen Falkenordens*

Kurfürst Johann Georg I. von Sachsen erlegte von 1611 bis 1655 mehr als 15291 Stück Wild, die Hälfte davon Hirsche. *Sonntagsblatt*

Wir unterscheiden grundsätzlich zwischen Jägern und Jagdscheininhabern. Die Jägerei ist weder ein Hobby noch ein Sport, sondern eine Passion, die man da drin haben muß. *Josef Klingshirn, Vors. des Münchner Jägervereins*

Es war ein Auf-Mast-Stellen eines schönen, edlen Geschöpfes, das dadurch in der Wertschätzung des Waidmannes nur verlieren konnte, trotz vieler Enden und hoher Gewichte. Und gegen einen Kapital-Hirsch aus freier Wildbahn, der von dem Nimbus des Königs der Wälder umweht ist, kommen diese Gatterbullen nun einmal nicht auf ... Man kann aus dem Wild nicht ein Zuchttier machen wie eine gute Milchkuh.

Reichsjagdamtsleiter Ulrich Scherping
über Görings Parade-Hirsch-Zucht

Kraft durch Wild!

Arno Beurmann in »Der Aberglaube des Jägers«

Für die Jahre 1935 und 1936 kommen weiße, für 1937 und 1938 rote, für 1939 und 1940 grüne Wildmarken zur Ausgabe. Alle Kitze, Kälber usw. sind 1935, 1937 und 1939 am linken, 1936, 1938 und 1940 am rechten Lauscher zu zeichnen. Die Einheitswildmarke ist aus Messing angefertigt. Ihre Anbringung geschieht derart, daß sie in möglichster Nähe des Kopfes so weit wie möglich über den Gehörrand geschoben und dann mit einem kräftigen Druck des Daumens und Zeigefingers so zusammengedrückt wird, daß der Stachel den knorpeligen Teil des Lauschers bzw. Löffels durchdringt. *Merkblatt des Reichsjägermeisters*

Der Kreisjägermeister soll im Dienst die vorgeschriebene Dienstkleidung tragen. Beim Außendienst soll er in der Regel eine Schußwaffe bei sich führen.

Dienstanweisung für Kreisjägermeister – 1935

Die Entscheidung darüber, ob Juden der Jagdschein aus politischen Gründen zu versagen ist, liegt allein bei der unteren Verwaltungsbehörde. Im Falle einer Jagdscheinerteilung an Juden hat der Kreisjägermeister der unteren Verwaltungsbehörde mitzuteilen, daß die Aufnahme in die Deutsche Jägerschaft nicht in Frage kommt.

Der Reichsjägermeister – 1935

Das Wild wird in der DDR nicht nur bejagt, sondern sinnvoll bewirtschaftet. Neben der Hege und Jagd ist in den letzten Jahren der Lebendfang von Hasen zu einem wichtigen Bestandteil der Bewirtschaftung in Niederwildgebieten geworden. Die lebenden Hasen werden vor allem nach Frankreich und Italien exportiert, wodurch das Devisenaufkommen unseres Staates erhöht wird. Die Jäger leisten damit einen Beitrag zur Stärkung der DDR.

Dr. C. Stubbe in »Unsere Jagd« (Ost-Berlin) 1971

Die Jagd gehört dem Volk! Dieser Grundsatz ist im Jagdgesetz der DDR verankert. Unsere Jagdgesellschaften setzen sich aus allen Schichten der werktätigen Bevölkerung zusammen . . . Unsere Jagdgesellschaften schaffen große Werte und erfüllen damit eine wichtige Verpflichtung gegenüber dem Staat.

Dr. C. Stubbe in »Unsere Jagd« (Ost-Berlin)

Das jagdliche Brauchtum gehört zum nationalen Kulturerbe. Es ist eine Aufgabe der Jagdgesellschaften, dieses zu pflegen und weiterzuentwickeln. Inhalt und Form müssen den sozialistischen Bedingungen entsprechen . . . Auf

Jagdhörnern geblasene Märsche und Signale sind bei festlichen Veranstaltungen eine wertvolle Bereicherung der Kulturprogramme.

Dr. C. Stubbe in »Unsere Jagd« (Ost-Berlin) 1970

Waidmännisches Brauchtum gehört zum deutschen Kulturerbe. Es muß im nationalsozialistischen Sinne gehütet und gepflegt werden.

Vorwort zu »Waidmannssprache« 1936

Im Naturschutzgebiet »Ostufer der Müritz« befindet sich die Lehrstätte für Naturschutz des Instituts für Landesforschung und Naturschutz in Halle. Seit ihrer Gründung im Jahre 1954 haben nahezu 4500 Naturschutzmitarbeiter aus allen Kreisen der Republik und internationale Gäste an den Lehrgängen teilgenommen, sehr zum Nutzen der sozialistischen Naturschutzpraxis.

H. Schröder in »Unsere Jagd« (Ost-Berlin) 1971

Das sozialistische Jagdwesen unserer Deutschen Demokratischen Republik ist ein Ausdruck der schöpferischen Anwendung des Marxismus-Leninismus durch die Partei der Arbeiterklasse.

M. Fischer/H. G. Schumann
in »Ansprechen des Rotwildes« (Ost-Berlin) 1970

Die Liebeshändel sind vorbei

Wie nüchtern ist die Herbstpoesie, wie begrenzt die Vollkommenheit der Natur! Was erst im Oktober einzutreten hat, nämlich das Färben der Wälder, begann diesmal schon weitgehend Ende August. Der Herbst, der große Maler und sonst so selbstbewußte Künstler, sagt, er könne nichts dafür, und dies sei seine Entschuldigung: der Sommer war sehr trocken.

Die Herbstmauser, der Wechsel des Federkleides bei allen Vögeln, ist schon im Gange; der Bussard, die Krähe, die Taube, die Elster – überall findet man Sommergefieder, Stoß- und Deckfedern. Die Tage werden kürzer. In den Lokalredaktionen der Kreisblätter besteigt man den herbstlichen Pegasus, doch oft, man merkt es schnell, hat sich ein Roßtäuscher in den Sattel geschwungen.

Das Walten der Natur ist beim Rehwild vonstatten gegangen und war schon Mitte August beendet. Man nennt es Brunft- oder Blattzeit. Die Reviere waren unruhig. Die starken Böcke nützten ihre Gaben, und sie hatten keinen anderen Gedanken als den, sich fortzupflanzen. Alles nach dem Endrikat-Song: Es war einmal ein Auerhahn, der hatte seine Pflicht getan. Die Jünglinge wurden möglichst abgeschlagen und hatten nicht viel zu suchen am Urquell der Natur. Eifersucht ist auch im Tierreich zu Hause. Eins der seltsamsten Naturgesetze: wenn das weibliche Reh – Ricke oder Schmalreh – vom Bock »beschlagen« ist, dann ruht das befruchtete Ei ohne eine erkennbare Weiterentwicklung in der sogenannten »Tracht«, der Gebärmutter, bis zum Dezember; erst von diesem Zeitpunkt an beginnt der Fötus zu keimen und zu wachsen. Bei der Fledermaus, so heißt es, ist es ähnlich. Nichts ist unergründlicher, wie man sieht, als gewisse Eigenheiten der Natur. Die Liebeshändel des Rehwildes, genauer der Rivalenkampf, gingen auf Kosten der jungen Böcke, besonders der »Jährlinge«, die nicht auf ihre Kosten kamen und mit gebremstem Temperament umherschlichen. Von Ende August an gibt es beim Rehwild nichts Jungfräuliches mehr; kein Schmalreh außer den Kitzen, das nicht Weib wurde.

Wenn abends Ricken und Schmalrehe auf den Kleeschlag austreten, schließlich auch kurz vor der Dämmerung der Bock, der im nächsten Jahr der Vater ihrer Kinder ist – ich sitze auf dem Hochsitz und beobachte –, wird man an Karl Kraus erinnert. Wer von dem weiblichen Rehwild ist »Weib«, wer »Dame«? »Die geniale Fähigkeit des Weibes, zu vergessen«, sagt K. K., »ist etwas anderes als das Talent der Dame, sich nicht erinnern zu können.« Sie schauen, das heißt sie äugen gleichgültig am Bock vorbei. Nur der Klee sticht ihnen in die Nase beziehungsweise, um es richtig zu sagen, in den Windfang.

Im Maifeld, von Mayen in Richtung Andernach zum

Rhein hinunter, liegt ein Feldflugplatz der Bundeswehr, wo die Hubschrauber, die »fliegenden Bananen«, wie in einem Pferch beisammen sind. Manchmal brausen die »Bananen« im Tiefstflug über die Baumwipfel und die Felder des Reviers. Manchmal, nur höher, auch die Düsenjäger von den Flugplätzen der Eifel und des Hunsrücks. Die Anpassungsfähigkeit der Kreatur an diesen Lärm ist erstaunlich. Das Tier nimmt nicht die geringste Notiz von ihm; es nimmt den Lärm vermutlich nicht einmal mehr wahr.

Wieder ein Erlebnis mit der Wildkatze: die Behauptung, sie sei ein Nachttier, trifft nicht zu. Sie schlich in der Mittagsstunde über einen Stoppelacker; wie ich hernach bemerkte, an eine Kette Rebhühner heran. Die Jagdmethode dieses seltenen, deshalb ganzjährig geschützten Räubers: schleichen, lauern und anspringen. Es ist wenig Verlaß darauf, daß er nur auf Mäuse geht. Es gibt im Dorf und im Revier mehr »Blendlinge«, also Mischungen von Wild- und Hauskatzen, als man denkt. Den Kuder, die männliche Wildkatze, treibt es nicht selten zur Katzenhochzeit in die Dorfgärten. Das bleibt dann, in mancher Hinsicht, nicht ohne Folgen.

Und noch dies vom heutigen Tage: alle Dachse sehen aus, als ob sie Chruschtschow hießen. Chruschtschow nach der Pensionierung. Der auf kurzen Läufen liegende Körper des Dachses ist nach hinten stark gedrungen. Der Kopf sitzt auf einem kräftigen Hals. Ich kann mir nicht helfen: es ist Chruschtschows Physiognomie! Zwei Erdbaue Grimbarts sind im Revier. Etwas macht seine Verhaltensweise problematisch. Er ist ein Nachttier, aber ich habe ihn jetzt schon zweimal auf Schrotschußnähe vor mir gehabt, morgens, als es schon hell war. Alle Dachse im Revier werden ersucht, noch bei Dunkelheit einzufahren, da ich sonst für die Sicherheit ihrer Schwarte nicht garantiere. Der Dachs ist zwar Allesfresser oder Gemischtköstler, aber er macht Schaden unterm Niederwild. Dächslein, Dächslein, spute dich! In den letzten zwanzig bis dreißig Jahren hat er sich, der durch Lungenwurmbefall fast ausgerottet war, wieder kräftig vermehrt.

Die schönen Hälse der Fasanen

Am bunten Herbst hat sich die Phantasie vieler Dichter vieler Zeiten entzündet. Das dichtende Individuum von Aristoteles bis Peter Handke hat Worte über den Herbst verloren.

Eine exakte Beschreibung der Natur, jetzt, in diesen Herbsttagen, müßte zuerst das Sepiadunkel erwähnen, das wie ein Hauch über der bunten Landschaft zu liegen scheint. Alles ist nur vage bildhaft. Wie poliertes, gemasertes Holz sehen die schönen Hälse und Schwingen der Fasanengockel aus. Sie stolzieren an den Feldrändern, über Kuhweiden, an Rainen und kleinen Bächen, die durch Dikkungen ziehen, aber die schreckliche Ungewißheit, wes Vater sie bei den Jungfasanen sind, scheint sie etwas melancholisch gemacht zu haben. Die Fasanenhennen, die Mütter, die ihre Gesperre, die Jungen, trotz tausend Gefahren über den Sommer gebracht haben, hatten in den Gockeln durchaus keine Edelmänner als Gatten. Monogamie gibt es zwischen Rebhahn und Rebhuhn. Der Fasanenhahn aber hatte im Frühjahr ein halbes Dutzend Verhältnisse. Jetzt wissen die Fasanenhennen wenigstens, was sie von der liberalen Auffassung der Gockel, die ihr schönes Kleid stolzierend einhertragen, zu halten haben.

Am 1. Oktober – Entsetzen müßte beim Fasanenvolk ausbrechen – beginnt die Jagd auf Fasanen. Und wie ein Lauffeuer müßte es auch durch die Hasenwelt, das Volk der Mümmelmänner, gehen: am 16. Oktober geht es mit Treibern, Hunden und Flinten auch auf den Hasen. Und übrigens auch auf die Waldschnepfe.

Den Jägern geht der Oktober gewissermaßen aufs Gemüt. Das Volk in den Dörfern sagt »Aha!«, wenn ein Dutzend Jäger samstags am Dorfgasthof vorfährt, und »Oho!«, wenn nachher einige hundert Meter hinterm Dorf gleich als erste Kreatur eine Dorfkatze dran glauben mußte. Aber es ist sonst alles klar: es geht auf Hasen und Fasanen. Der Fuchs, die Wildkatze, das Automobil und einige Greifvögel haben seit dem Frühjahr die Junghasen gezehntet. Auch die Hauskatzen der Bauern haben sich daran beteiligt. Aber der Hasenbesatz ist in diesem Jahr besser als in manchen anderen Jahren. Die Häsin setzt mehrere Male im Jahr. Man kann sagen, daß ein Hasenpaar – die Häsin setzt ein bis drei Junge – in einem Jahr acht bis zehn Nachkommen zur Welt bringt; nicht mitgerechnet sind die im März oder Februar gesetzten Junghasen, die sich im selben Jahr schon paaren und Junge setzen können.

Ornithologen und Jäger haben ihrer Sorge Ausdruck gegeben über die Ergebnisse wissenschaftlicher Untersuchungen: Der Rückgang der Greife, der Tag- und Nachtraubvögel, sei auf Schädlingsbekämpfungsmittel zurückzuführen. Die Wissenschaft hat herausbekommen, daß

Adler, Habichte und Falken keine Nachkommen mehr bekommen – in Schweden ist es bei Seeadlern und Uhus festgestellt worden –, wenn sie Beutetiere schlugen, in denen sich Pestizide befanden, also Unkraut- und Insektenbekämpfungsmittel. Die Natur straft offenbar die Menschen für manche gloriose Entdeckung und Erfindung. Die Jäger offenbaren die Meinung, daß das frühere Wort »Finger krumm auf alles, was krumme Schnäbel und scharfe Fänge hat«, nicht mehr gelten dürfe. Die Greife bleiben unbeschossen.

Lange beobachte ich die beiden Mäusebussarde, die die Anschauung von der Schönheit des Segelns so deutlich machen. Schließlich sind sie, der eine auf einem Baumstumpf, der andere auf einem Weidepfahl, aufgeblockt. Ich muß an die Mäuse, denen sie ihre Aufmerksamkeit schenken, und die Pestizide denken. Ein Fasanengockel träumt nahebei, sehr melancholisch, in der Herbstsonne. Er weiß noch nicht, was ihm vom Oktober an droht.

Jagdsprüche – Glanzpunkte

Ja, ha ha, jaha! (bei der Hirschjagd)
Ho, Rido, ho ha ho! (bei der Sauhatz)
Has' hop, Has' hop! (bei der Hasenjagd) *Treiberschreie*

Die Leitvorstellungen der Jagd sind hüben wie drüben noch vom späten Liberalismus geprägt: Tito jagt wie Horten, Horten wie Kadar und alle drei wie weiland Kaiser Franz Josef. *Janko Musulin*

Jagd ist im modernen Leben eine Metapher für Umtrieb, Hetze, Herzinfarkt und Proteste des Tierschutzvereins.
Professor Peter Hemmerich

In Sturm und Kälte sitzt draußen der Jäger und vergißt, daß zu Hause ein zartes Weib seiner harrt – manet sub Jove frigido venator tenerae conjugis immemor. *Horaz*

Es taget vor dem Holze, / die Jäger hürnen stolze!
Johannes Ott, »Lieder«

Wanderer, zieh die Mütze. / Hier ruht ein Komiker und Schütze / in diesem finstern, kalten Loch. / Die Witze, die er sagte, / die Hasen, die er jagte – / sie leben alle noch.

Marterl aus Oberbayern

Alter Wein und junge Weiber / Sind die besten Zeitvertreiber. / Jagerwitz und Jagerlügen / Machen auch gar oft Vergnügen.

Jägerspruch

Jagen konnte man das ganze Jahr hindurch. Kaum waren die Saujagden vorbei, kamen die ersten Gänse, danach die Schnepfen, Trappen, Rehböcke, Hirsche, Schaufler, und wenn gar nichts anderes offen war, konnte man den Schuß an Füchsen, Elstern und Krähen üben. Von den 365 Tagen im Jahr jagte man 363; nur Weihnachten und Karfreitag war Ruhe.

Endre Graf Csekonics in »Im Land der 363 Jagdtage«

Wann das Wetter ändern will, höret man den Rehbock offte schreyen, er bellt fast wie ein Hund, aber langsamer und heischer.

Alter Jägerkalender

Auch bei der Jagd haben wir Weltniveau erreicht.

Walter Ulbricht, Staatsratsvorsitzender,
nach einer Diplomatenjagd

Der waidgerechte Jäger darf niemals gegen die innere Stimme vom geraden und anständigen Wege abweichen.

Dr. Richard Blase in »Die Jägerprüfung«

Zollerns ruhmreich Geschlecht, / Waidmänner hirschgerecht / zählt es viel auf. / Und in der Ahnen Reih, / stolz preist die Jägerei / DICH, Kaiser Wilhelm-Zwei, / im Zeitenlauf.

Wilhelm Robbers-Cleve

Drum wer eine schöne Tochter hat, / der schicke sie in den Wald. / In dem Wald da sind die Jäger, / juja, juja, die Jähä-ger / die verführen die Mädchen all'.

Jägerlied

Horch auf, horch auf, Sankt Hubertus Horn! / Jetzt, Jäger, an die Flinte! / Mich faßt ein edler Männerzorn, / O Stubenduft, o Dinte! / Zieh ich auf Sankt Huberti Pfad, / Dann Halali den Grillen! / Wie tote Hasen schlagen's Rad / Die Motten und Bazillen.

Jägerlied

Jung Siegfried war ein stolzer Knab', / Ein Schäflein auf der Weide. / Üb' immer Treu und Redlichkeit / Im Wald und auf der Heide. / Et let 'nen fremden Kerl em Bett, / O, daß ich tausend Zungen hätt', / Wir sind fidel und munter, / Es wird noch immer bunter.

Jägerlied

Die Leute aus Gütersloh

Es ist ganz das Hochgefühl des Sommers, in dem der Waidmann lebt; er verlebt seine Honigwochen. Der Jagdschein weist keine Schonzeit für den Rehbock aus. In allen Bundesländern seit dem 16. Mai, in Bayern, wo sie es mit dem Föderalismus haben, seit dem 1. Juni. Vom 1. Juli an ist die Jagd auf Schmaltiere bei Rotwild erlaubt, also auf einjährige Rottiere, die noch nicht in der Brunft waren, ferner, wie der Jagdschein schlicht bemerkt, auf den Dachs und die Ringeltaube.

So ganz beiläufig meldet der Jagdhüter, daß die Sauen ganz ordentlich auf dem Hardtberg in den Kartoffeln »gebrochen« haben. Ihren Sommereinstand haben sie in den Hängen zur Eltz hinunter, eine Bache mit weißgestreiften Frischlingen. Nicht die Lilien auf dem Felde, wie es in der Schrift heißt, nimmt sich die Bache vor, sondern die jungen Kartöffelchen; auf der Hardt stehen sie im »Gebräche«, und beizukommen ist ihnen nur, wenn man sich beim vollen Mond in klaren Nächten ansetzt; dann erwischt man zuweilen einen Überläufer. Aber das Ansitzen in hellen

Mondnächten wird schon übel vermerkt. Leider gibt es keine Fichtendickungen im Revier, in die sich das Schwarzwild gerne einschiebt, obwohl die Fichte in der Eifel hügelan und hügelab große Teile der Landschaft besetzt hält. In der Dämmerung machen sich die Fichtenbestände an den fernen Hängen wie dunkle Tintenlachen aus. Die Fichte verdankt das Rheinland den Preußen, die sie hier mit den Kasernen, den Landratsämtern, den Schulen und der Strombauverwaltung nach den Napoleonischen Kriegen im neunzehnten Jahrhundert einführten. Die alten Bauern nennen die Fichte bisweilen noch den »Preußenbaum«. Im Rheinland fügen sie dem die Frage hinzu: Hatten die Preußen nicht doch ihr Gutes? Jedenfalls ist die Fichte, die nicht mit der Tanne zu verwechseln ist, die es hier nicht gibt, die gültige und bündige Erklärung dafür.

Ein szenisches Gesamtbild des Jagdreviers: überall bemerkt man Fährten, Spuren und Geläufe des jungen Wildes. Bei Fuchs und Dachs, die die Tollwut hinter sich zu haben scheinen, ziehen die Mütter, die Fähen, allein die Kleinen auf. Die Väter, die Rüden, haben sich mit feinen Tricks empfohlen und kümmern sich nicht um die Gehecke. Eichelhäher und Elstern, die Stare und die Meisen sieht man in kleinen Flügen mit den Kindern. Nur das geübte Auge des Jägers sieht solcherlei.

Herr Karl hat einen Bock erlegt. Er ließ sich den Bruch für den Hut überreichen und war auf eine gewisse Art stolz. Der Bruch – Beutebruch, Schützenbruch, Trauerbruch, wie man will –, als grüner Zweig am Hut, gehört zu den Praktiken am erlegten Wild. Telegrafisch hätte Herr Karl beim Tierschutzverein sein Bedauern aussprechen sollen, wenn es nach den beiden Herrschaften, einem Ehepaar, gegangen wäre, die beim Anblick des toten Rehbocks ausriefen: »Das arme Tier!« Es waren Sommerfrischler aus Gütersloh, die zufällig des Weges kamen. Die aus Gütersloh wohnten noch einem seltsamen Schauspiel bei: der Jäger steckte außer dem Bruch an den Hut dem Rehbock ein kleines grünes Reis in den Äser und sagte, dies nenne man den letzten Bissen, und es sei Jägerbrauch und Sitte. Das Gesicht der Gütersloher sagte: netter letzter Bissen. Herr Karl machte es auf die vornehme und ganz feine ironische Tour: »Wissen Sie«, sagte er und bediente sich der gehobenen Rede, »das Wildtier wird in der Kulturlandschaft nicht geschützt durch den rigorosen Tierschutzpazifismus, das heißt durch den grundsätzlichen Verzicht auf die Jagd« – das Ehepaar aus Gütersloh hörte stumm zu – »sondern es wird nach strengen, gesetzlich festgelegten und waidmännisch gehandhabten Richtlinien gejagt.« Herr Karl senkte die Stimme: »Wenn nicht gejagt würde, wäre das Wild in der Kulturlandschaft, so widersinnig das klingt, längst ausgerottet.« Der Tierschutzpazifismus, die Gewehre zu verschrotten, sei tatsächlich Humbug und eine dumme Illusion; womit Herr Karl die Visitenkarte des deutschen Jägers abgegeben hatte. »Waidmannsheil!« sagten die Gütersloher, als sie entschritten, und man hatte den Eindruck, daß dieser Gruß auf einem ironischen Süppchen gekocht war.

Konkrete Jagdpoesie

Allah zählt die Tage, die wir auf der Jagd zubringen.
Arabisches Sprichwort

Jeder Dichter müßte Jäger sein. Shakespeare und Turgenjew waren es. Oft stundenlang keinem begegnen, das ist so angenehm, ach, so angenehm. *Svend Fleuron*

Das Verbalabstraktum zu »jagen« ist Jagd w. (mhd. Jaget, jagat), das – ebenso wie der substantivierte Infinitiv Jagen – auch im Sinne von »Jagdrevier« gebräuchlich ist. Dazu stellen sich die Abl. jagdbar (17. Jh.; dafür mhd. jagebære) und die Zus. Jagdhund (mhd. jagehunt, ahd. jagahunt) und jagdspieß (mhd. jage[t]spiez). Abl. Jäger m. (mhd. jeger[e]) dazu jägerisch (16. Jh.) und Jägerei w. (mhd. jegerie). Die Zus. Jägerlatein (19. Jh.) bezeichnete zunächst die dem Laien schwerverständliche Sondersprache der Jäger und ging dann auf die Aufschneidereien der Jäger über. Ähnlich sind gebildet Husaren-, Kloster-, Küchen-, Mönchslatein; s. lateinisch. *Der Große Duden, Etymologie*

Wer seinen neuen Lodenhut mit viel Federn putzen tut: Uhu, Schnepf' und Auerhahn, Adlerklauen auch noch dran, Gamsbart, Hahnstoß, Edelweiß und 'n Goldfasanensteiß, aber selbst, du lieber Gott, noch kein' Spatz geschossen hot: Der ist kein Jäger nit und auch kein Heger nit, und prahlt er noch so groß, mit ihm ist doch nix los.

Jägerlied

Ei wie ist das Jagen fein, jupheidi, jupheida!

Noch ein Jägerlied

Halli, hallo, halli, hallo, hab' meine Freude dran.

Noch ein Jägerlied

Jäger, Fischer, Vogelsteller, drei Bettlerhandwerke

Französisches Sprichwort

Der Treiber Franz und Meier Hans, der Schulzen Sepp und Müllers Depp, kommt her, kommt her, kommt her zusammen!

Jagdsignal Sammeln der Treiber

Halloh, die Flinten von der Wand, her Rucksack und Patronen!

Jägerlied

Spring auf, spring auf, feins Hirschelein, spring auf, auf deine Füße

Noch ein Jägerlied

Es wollte ein Mägdlein früh aufstehn, dreiviertel Stund vor Tag

Noch eins

A Deandl geht um Holz in'n Wald, / scho' zeiti' in der Fruah, / und hinter ihr da schleicht si' drei / a saub'rer Jagersbua *Noch eins*

Ich kenne manchen Jägersmann, / der strotzt nur so vor Waidgerechtigkeit. / Dann seh' ich mir seinen Jagdhund an . . . / und weiß Bescheid.

Walter Hulverscheidt, Forstmeister

Die oren sind Im lang und das Maul hanget und die Naslöcher sind Im weit geschlitzt, der ober leffzt hanget Im auch herab, und sein Stymm ist hell und der swantz ist nit zu lang und ist etwas krumb uf die rechten Seiten, und er trätt In übersich und sein arsloch ist hinden weitt. Das sind die zaichen des Adels. *Mynsinger, Jagdhund und Laitthund*

Sobald uns Aurora die Felder bemalt, / blas ich ins Jagdhorn, daß alles erschallt! *Altes Jägerlied*

Vier »W« sind Jägers Lust allein, die heißen: Wald, Wild, Weib und Wein *Jägerspruch*

Auf einem Bahnsteig in Sachsen lag, zur Verladung bereit, ein Vierzehnender mit gewaltigem Geweih. Das Ehepaar Henschke bewunderte ihn. Herr Henschke hob den Hinterlauf des Hirsches hoch, sah genau hin und sagte freudig: »Es ist ä Männchen.« *Roda Roda*

Wenn eine Maid die Büchse spannt, / setzt Pulver sich von selbst in Brand. *Alter Jägerspruch*

»Eine schöne Leich«, sagt der Holländer

Es ist hoher Sommer, der erste August. Am zweiten August – so genau weiß das Altvater Brehm – ziehen die letzten Mauersegler (Micropus apus) von dannen, die Schwalben mit dem schwärzlichen Federkleid, der hellen Kehle und dem auffallend schrillen Schrei. Es ist später Vormittag. Unten liegt das sauerländische Dorf Holthausen, in der Ferne Schmallenberg. Makellose Frische über dem Hang, der zu unseren Füßen liegt. Unverfärbt noch das sommerliche Grün. Der Herr Botschaftsrat und ich, die wir auf dem Hochsitz nebeneinander Platz genommen haben, wollen den Hang mit der jungen Fichtenkultur im Auge behalten. Vielleicht treibt ein Bock, und Albert hat dem Holländer gesagt, er dürfe einen schießen.

Das Auge fahndet weit ins Land. Liebenswürdigerweise haben sich ein paar Rinder linksab eingestellt. Ich will mich nicht besser machen als ich bin, aber den Rindern wünsche ich, daß der Mann mit dem Strick käme. Es gibt vorlaute und nachdenkliche Rinder; diese hier sind vorlaut.

Es ist hoher Sommer, ich sagte es. Das Azorenhoch streckt ein paar Fühler über das Sauerland und läßt etwas Sonne auf den Hang scheinen. Das ist um diese Jahreszeit ohnehin die Pflicht der Sonne, zu scheinen. Das Fernsehen sagt jeden Abend: zu kühl für die Jahreszeit.

Der Herr Botschaftsrat und ich denken jetzt an Bonn. Zwar sind überall Ferien, aber die Cocktailparties finden statt. Allein dreizehn Nationalfeiertage sind im August zu feiern, die meisten von schwarzafrikanischen Staaten. »Woran denkst du?« sagt der Holländer. »An die Redoute in Godesberg«, sage ich. »Aha«, sagt der Holländer. Wir denken an die Sommerfeste in der Bundeshauptstadt und an ihren Nonsens. Diese Feste kann man kalt, sozusagen schwarz auf weiß auf der Einladungskarte gedruckt, genießen.

Dann sage ich flüsternd: »Atme jetzt fünfmal tief ein und wieder aus.« Weiter geht die Konversation nicht. Fünfmal ein, fünfmal aus, dann hat man soviel Ozon und Sauerstoff getankt, daß es nur noch zu diesem Satz reicht: »Gut, was?«

Im Moment sehen wir unten am Hang, zur gleichen Zeit, etwas Rotbraunes. Es ist eine Ricke mit ihrem Kind, einem Kitz. Kein Bock in der Nähe; nein, kein Bock in der Nähe. Aber ist das vielleicht nicht Glück, so etwas zu schauen, morgens gegen elf, etwas Sonne drauf. Das Kitz geht ans Gesäuge der Mutter. Die Mutter äst die violetten Blüten des Weidenröschens und leckt ab und zu das Kleine. Zögernd geschieht alles, aber es macht uns, die wir ungestört schauen, Freude.

Wir sind hier gewissermaßen auf einer Naturparty. Der

Hang ist rechts und links von Fichten flankiert, oben steht etwas Laubwald. Und unten das Dorf. Es ist ein ziemlich unglaublicher Fall, daß jetzt eins der Rinder auf das andere zu springen versucht. Der Botschaftsrat, offenbar ein Bauernkind, sagt: »Bei uns in Holland sagt man, die Kuh ist ossig.«

Auf unserer Naturparty passiert sonst nicht viel; aber ist das nicht Glück, sich so von der Sonne bescheinen lassen zu können? Und dann der üppige Hang mit dem Eichenstockausschlag, dem Birkenzeug und etwas Farnkraut dazwischen angesiedelt. Das alles ist herrlich, üppig, richtig voller Sommer. Ein Flaum milden Glanzes liegt über allem. Verflogen geglaubte Gefühle aus der Jugend sind plötzlich wieder da. Herrlich, so ein Ansitz, herrlich. Die kleine heile Welt ist in Ordnung. Plötzlich kreischen zwei Mauersegler und schießen weit über Holthausen hinweg. »Grüße Marokko und Transvaal oder Kapstadt«, rufe ich hinterher, denn morgen, am zweiten August, müssen sie laut Brehm weg sein. Der Herr Botschaftsrat und ich schmecken plötzlich richtiges Glück auf der Zunge. Aber ebenso plötzlich beginnt es vom Dorf Holthausen zu läuten, wir sehen durch unsere Ferngläser, und das richtige Glück bleibt uns dann doch gewissermaßen im Halse stecken. Denn was wir unten im Dorf sehen, mit dem schönen katholischen Beiwerk, ist ein Leichenzug.

Den Holländer befällt ganz elementar ein Erschrecken. Die Vorstellung des Ungehörigen, mitten im Sommer sterben zu müssen, haftet an dem Leichenkondukt. Nach einigem Zögern, den Leichenzug im Okular des Fernglases, sagt der Holländer, und ein Sauerländer Bauer hätte das nicht besser sagen können: »Eine schöne Leich.« Am liebsten, so schien es nach dem Tonfall, wäre er mit seiner eigenen Leiche gegangen.

Der Chronist, der diesen Bericht vom Glück am Vormittag niederschreibt, muß auch den weiteren Bericht nach dem Leben weitergeben: ein halbes Jahr danach ist der Botschaftsrat, ein Endvierziger, tot. In die ewigen Jagdgründe ist er eingegangen, wie man bei uns sagt. Die Beschaffenheit des Lebens und des Todes ist nun mal so. R.I.P.!

An den Rockschößen der alten Jagdschriftsteller

Der Cavalier oder Dame, so sich verbleffet hat, muß sich über den stärksten Hirsch fein säuberlich hinstrecken, ein paar Jäger schlagen ihm die beeden Rokzipfel über den Rücken auf, und ziehen ihm die Hosen fein glatt an. Ist es aber eine Dame, so wird ihr vom Hofjäger das Oberkleid und Reifrökgen auch auf den Rücken gelegt. Der Oberjägermeister rufet Jo ho! und giebt der Person mit dem Weydmesser einen Schlag oder das erste Pfund auf den Hintern.

Carl von Heppe

Im Sommer in der Feißt, wird offt der Hirsch gefällt, durch die par force Hund, die hiezu sind bestellt. Und wann er dann erlegt, daß er all viere streckt, dem Jäger, der da müd, ein Pfeiffgen Tobac schmeckt.

Johann Elias Ridinger

Der Baron vorn auf dem Reitsitz des Jagdwagens, ich dahinter auf dem Quersitz. »Wie das wohlthut, nach fünf Monaten Großstadtluft solch Happen Frühjahrsluft.« »Ja, Unkel Bräsig würde sagen: die ganze Luft is voll Asmosfäre.« »Lassen Sie Ihre klassische Bildung zu Hause, Doktor, wenn Sie zur Jagd fahren ... Aber was ist das?« Er wies mit dem Peitschenstiel nach einem dunklen Punkt: »Das ist besagter Birkhahn in höchsteigener Person. Belieben Sie sich, verehrter Baron, den Punkt an irgend einem Merkmal recht genau einzuprägen, dann ist der liebenswürdige Kumpan morgen früh Ihre Beute.«

Fritz Skowronnek

Im 16. Jahrhundert war der Ertrag der Jagdbeute wahrhaft erstaunlich. Während der Regierung des sächsichen Kurfürsten Johann Friedrich sollen in seinem Land nahe an 800000 Stücke Wild getötet worden sein; der Fürst selbst erlegte mit eigener Hand 208 Bären, 200 Luchse und 3883 Wölfe.

Johannes Scherr, Deutsche Kultur- und Sittengeschichte

Die Wälder rauschten leise, / sein Jagen war vorbei, / der blies so irre Weise / als müßt das Herz entzwei. / Und still dann in der Runde / ward's über Tal und Höhn, / man hat seit dieser Stunde / ihn nimmermehr gesehn.

Joseph von Eichendorff

Es ist das Spinnen des endlosen Garns vom unerschöpflichen Rocken der Jägerseele. *Friedrich von Gagern*

Plötzlich durchzuckte es mich wie ein elektrischer Schlag, denn keine hundert Schritte vor mir ertönte aus der Dikkung das unverkennbare Brummen des alten Gespensterhirsches. *Egon von Kapherr*

Heute ist dem Jäger die Begegnung mit einem Schornsteinfeger oder einem jungen Mädchen, welches wir über die Büchse springen lassen, gutes Omen vor der Jagd.

Ferdinand von Raesfeld

Ein Bock lag im Feuer

Als der Schuß gefallen war, lag der Bock im Gras; er lag, wie man sagt, im Feuer. Etwas Hahnenfuß neigte sich über die tote Kreatur, etwas Morgentau netzte die rotbraune Decke. Es war fünf Uhr in der Frühe, und die Sonne, die zu ihrer Pflicht zurückgefunden hatte, lieferte alle sinnlichen Details, die eine frühe Morgenstunde bei der Hand hat. Farben, Gerüche und den schmetternden Vogelgesang. Irgendein Symbol mochte man aus dem Tod zu der frühen Morgenstunde herauslesen. Der Rehbock war vier Jahre alt, das Gehörn schon zurückgesetzt, die Enden der sechs Sprossen schlecht vereckt, es war ein Abschußbock.

Unten, bergab, versteckt im grünen Bewuchs, zog das Gewässer, mehr Fluß als Bach, moselwärts. Die Hänge der Täler lagen im Grün des Vorsommers. Es gibt viele Berge und Täler hier in der Eifel. Der Hauptschmuck dieses Mittelgebirges sind die schieferblauen Dächer der lavagrauen Häuser, die sich zu Dörfern versammelt haben. Die Häuser stehen Schulter an Schulter; es sind Haufendörfer. Lieblichkeit ist nicht der richtige Ausdruck für die Dörfer und die umliegende Gegend und Umgegend, es ist alles herb. Daß unser Jagdrevier einen gewissen Ruhm erlangte, liegt speziell an einem Hosenfabrikanten, der im Revier, es war starker Wind, mit seinem Flugzeug abstürzte. Der Hosenfabrikant, der überlebte, mußte wohl an vieles denken, vielleicht an Altmeister Goethe, der auch Jäger war: »Schicksal des Menschen, wie gleichst du dem Wind.«

In Parenthese schreib' ich das nieder. Vor mir lag der Bock mit einem Kammerschuß; es war ein guter Schuß. Der Bock mußte »versorgt«, er mußte »aufgebrochen« werden. Das »Gescheide« – Magen und Gedärm – und das »Geräusch« – Herz, Leber, Lunge und Nieren – müssen aus dem Wildkörper beseitigt werden, denn die im Inneren vorhandene Wärme bewirkt schnell die Zersetzung, die »Verhitzung« des Wildbrets. Zehn Zeilen Ironie: der Jäger, wenn er allein ist, und nur wenn er allein ist, zieht am gestreckten Wild den Rock aus und krempelt die Ärmel hoch; manchmal, bei brütender Hitze, setzt er sogar den Hut ab und kniet, wenn er mit dem Waidmesser das Schloß öffnet, nieder. Das »Schloß« ist die knorpelige Verbindung der beiden Beckenknochenhälften, der »Eisbeine«, beim Schalenwild. Doch das alles, Ärmelhochkrempeln und Hutabsetzen, untersagt der Waidmannsbrauch; es ist im Waidmannsbrauchtum ein Sakrileg, in der Praxis weniger. Ein Stück Schalenwild soll so sauber aufgebrochen werden, daß die Ärmelsäume des Rocks vom Schweiß des gestreckten Tieres nicht angeschmutzt werden.

Der Jagdaufseher berichtet von einem erregenden und seltenen Erlebnis. Vom Hochsitz aus wurde er Zeuge, als eine Wildkatze, deren es in der Eifel schätzungsweise wieder zweitausend gibt – sie sind gesetzlich geschützt –, ein Rehkitz anfiel und drei Rehe das klagende Kitz mit den Läufen verteidigten und den Räuber in die Flucht schlugen. Der bessere Teil der Tapferkeit für die Katze war: schnell in die Dickung. Bald sah man das Kitz wieder an der »Spinne«, den Zitzen der Mutter.

Historische Beispiele an Jagdsprüchen

Was gleicht wohl auf Erden dem Jägervergnügen

Der Freischütz

Heil dir, Diana, keusche Göttin!

Orpheus in der Unterwelt

Der Has' ist tot, ist mausetot. Er hat den ganzen Balg voll Schrot. Der Has' ist tot. Der Has' ist tot! *Jagdsignal*

Der kapitale Rothirsch bleibt für vornehme Herren aufgespart. *Brehms Tierleben*

Die Jagd ist das fossile Überbleibsel eines Instinkts, den der Mensch aus jener Zeit bewahrt hat, da er noch reines Raubtier war. Es ist die Voraussetzung, daß er heute, nach unzähligen Jahrtausenden, aus dem Jagen eine Form seines Glückes machen kann. *Ortega y Gasset*

Jagd, Jägerei, oder Waidewerk, ist die Wissenschaft oder Kunst, nützliches Wild in gehöriger Menge und angemessenem Zustande zu erhalten, schädliches aber zu vermindern oder, nach Umständen, ganz auszurotten, und beides auf die zweckmäßigste Art zu benutzen.

Rheinisches Conversations Lexicon für gebildete Stände

Bei jeder Revolution war es immer das erste, daß das Volk über die Einfriedigungen der Gehege sprang oder sie niederriß und im Namen der sozialen Gerechtigkeit den Hasen und das Rebhuhn verfolgte. *Ortega y Gasset*

Solang' noch starke Hirsche schrein, / wird auch das Deutsche Reich gedeihn. *Hermann Göring*

... biß endlich leyder! durch Gottes Verhängniß ohngefehr Anno Christi 1330 in Teutschland, und zwar zu Straßburg, das schädliche Schieß-Pulver von einem Franciscaner Münch, Namens Bartholomäus Schwartz, erfunden worden ... Und auf solche Art ist nun leyder! das schädliche Schieß-Pulver, allen lebendigen, vernünfftigen und unvernünfftigen Creaturen zum mercklichen Untergang, durch diesen vorwitzigen Münch, vermittelst des Teuffels Eingeben erdacht worden. *Ein Jagdwerk des 18. Jahrhunderts*

G W Kraus
Hier am 16ten April 1840
durch die Kugel
eines Wilddiebes
gefallen

Marterl bei Burgruine Greifenstein

Der »Hofmann« (= Bauer), der dem Hochwild auf dem Feld begegnet, (soll) »seinen Kagel (= Hut) davor abtun, unserem gnädigen Herrn zu Ehre«.

Württembergische Jagdordnung, 1556

Hier ist das neue Jägerbuch. Für Menschen, die vom Weidwerk nicht so sehr die Beute als das innere Erlebnis erwarten, für Gegenwärtige und Zukünftige, die in den Tiefen des alten Urtriebes nicht so sehr dessen rohe Befriedigung als feinere Reize und Genüsse, geistigen Gewinn und Erhebung, Erkenntnis, Stimmung, Sammlung, Befreiung und Einsamkeit suchen.

Friedrich von Gagern in »Stunde und Stimmung«

Hat der Fuchs noch Zähne – geht er nicht ins Kloster.

Bulgarisches Sprichwort

Wenn das Rehböcklein flieht, dann leuchtet ihm der Hintern.

Sprichwort

Mein Großvater schoß siebenhundertzweiundzwanzig Gemsen in seinem Leben, mein Vater nur noch einhundertneunundneunzig. Ich als Kind sah die Berge leider nur von unten.

Endre Graf Csekonics

Ein Hase gibt Denkanstöße

Man kann auch sagen, die Jagd sei eine Art Selbstbedienungsladen. Obwohl es natürlich lächerlich ist, zu behaupten, der Jäger könne ins Revier hinausgehen oder hinausfahren, um dem edlen Waidwerk zu obliegen und Dampf zu machen auf einen Hasen oder ein schwaches Stück Rehwild, oder eine Elster, oder irgend etwas, was da kreucht und fleucht. Das Angebot der Natur ist reichhaltig.

Ich kenne da einen Hasen in meinem Eifelrevier, rechter Hand auf der Hardt, wo er seinen ständigen Wohnsitz hat – Hasen sind standorttreu –, den ich Mende nenne. So verschmitzt wie Mende sah mein Hase aus. Er gab mir einige Denkanstöße, wie man heutzutage sagt.

Wenn ich vorbeigehe, dann nimmt er instinktiv ein wenig Deckung, hält einige Sekunden mit dem Mümmeln inne, aber er gibt kein Fersengeld. Er weiß genau, daß noch Schonzeit ist. Der Hase, der so aussieht wie Mende, verlangsamt in der Schonzeit deutlich alle Bewegungen. Erst vom Oktober an, wenn der Jagdschein erlaubt, ihn zu schießen, ist er deutlich verunsichert, wie man ebenfalls neumodisch sagt.

Ein Professor hat den Hasen erlegt, einer von den Verhaltensforschern. Er hieß nicht Koenig, trug keinen Spitzbart und war kein Wiener Professor, weiß Gott nicht. Aber auch er hatte den wissenschaftlich geschulten, analytischen Verstand des Gelehrten, der Hypothesen produziert wie ein durchschnittliches Jägergehirn Plattitüden. Wir buschierten etwas mit den Hunden. Plötzlich stand der Hund des Jagdaufsehers vor, und es erhob sich die Frage, wo geht der Hase jetzt hinaus. Daß er nicht gern sterben möchte, ist klar; Mende möchte nicht gerne sterben.

»Achtung!« ruft der Jagdaufseher dem Professor zu. Das tut er obligatorisch, obwohl der Professor ein gutes Auge hat. In dem Moment raffte sich Mende auf, verließ die Sasse und schnellte aufs freie Stoppelfeld. Der Professor schoß, aber er schoß vorbei. Der Hase war hinten nicht lang genug, wie er sich scherzhaft ausdrückte, der Schuß lag dahinter.

Es verdiente alle Bewunderung, wie der Hase trotz zweier Hunde, die sofort die Verfolgung aufnahmen, seine Haken schlug. Viele Hunde, sagt das Sprichwort, sind des Hasen Tod. Hier genügten zweie. Die Hunde hätten Beifall verdient gehabt. Sie verlegten dem Hasen den Weg. Oben vom Hang im Wald hörte man den Hetzlaut der Hunde, und plötzlich kam Mende wieder dorthin zurück, wo er aus der Sasse aufgestanden war. Die Hunde trieben ihn wahrhaftig den Jägern erneut vor die Läufe ihrer Flinten. In einem Akt von Heroismus wollte er den Professor umrennen.

Da stand nun der Mensch mit dem wissenschaftlich geschulten, analytischen Verstand, dessen Aufgabe es ist, Hypothesen zu produzieren, riß die Flinte hoch und legte an. Der Hase seinerseits legte die Löffel an und kam in voller Fahrt spitz auf den Professor zu. Der schoß, aber der Schuß lag wieder hinter dem Hasen, er traf wieder nicht.

Im Bereich der Gelehrten gibt es das Fremdwort »Hypothese«. Es ist gleichsam der Vordersatz dieses hypothetischen Urteils: wenn A gilt, gilt auch B. Es heißt aber nicht, wer einmal vorbeischießt, schießt auch zweimal vorbei. Es war sonst klar, daß der Professor beim Schießen einigermaßen mithalten konnte. Aber er hatte wohl einen schlechten Tag erwischt. Professorales Selbstbewußsein verbot ihm überdies, es einzugestehen. Auf eine unerklärliche Weise kam ihm sein Nachbarschütze, der Jagdaufseher, zu Hilfe.

Der nämlich hatte auch Funken gerissen und genau in dem Augenblick auf den Hasen geschossen, als des Professors Schuß gekracht war. Von des Jagdaufsehers Schuß getroffen, rollierte der Hase dem Professor vor die Füße.

Man wird wissen wollen, was der Jagdaufseher sagte. Er rief zum Professor, indem er den Hut zog: »Waidmannsheil, Herr Professor!« Das hieß, der Hase sei nicht seine, sondern des Professors Beute. Der Hund apportierte vorschriftsmäßig den Hasen, brachte ihn dem Jagdaufseher, und der Professor konnte die Fiktion aufrechterhalten: das ist mein Hase.

Ganz traurig schaute Mende den Professor aus seinen toten Sehern an. Welche Denkanstöße kann so ein Hase geben! Der Tod des Hasen war wie ein Schauprozeß.

Die Hasen hatten abgerammelt

Von dem reinen Wilderertyp sind die Mischtypen zu unterscheiden: Zu diesen zählt der Not- und Schwächetyp. Bei ihm tritt die Not stärker bestimmend hervor, ohne jedoch stets Hauptmotiv werden zu müssen; häufiger ist das Handeln aus einer reinen Gewohnheit heraus, die sich bei dem Täter zu einer Schwäche entwickelt hat. Es handelt sich regelmäßig um willensschwache Täter und, nach den Feststellungen von Sauer und Maué, die bei der Untersuchung im Berichtsbezirk nicht bestätigt werden konnten, um arbeitsscheue, liederliche, vagabundierende, vielfach selbst in dürftigsten Verhältnissen im Wald hausende Individuen, die sich von der Jagdbeute ernähren.

Dieter Lorbacher,
Inaugural-Dissertation »Die Jagdwilderei«

Wer die Jagdwilderei gewerbs- oder gewohnheitsmäßig begeht, wird mit Gefängnis nicht unter drei Monaten, in besonders schweren Fällen mit Zuchthaus bis zu fünf Jahren bestraft. *§ 292 Strafgesetzbuch*

In Italien hat die viermonatige Jagdsaison begonnen, die erfahrungsgemäß nicht nur dem Wild zum Verhängnis werden kann. Die Polizei verzeichnete am ersten Tag ein Todesopfer, 20 Verletzte und einen angeschossenen Omnibus. Der tödliche Unfall ereignete sich in Casale Monferrato in den Alpen. Ein Jäger stolperte, wobei sich ein Schuß löste und den Onkel des Jägers tödlich traf. Zu den Verletzten gehörte eine Frau, die sich aus einem Fenster gelehnt hatte, um den Jägern zuzurufen, sie sollten nicht so nahe bei ihrem Haus jagen. *Süddeutsche Zeitung*

Die meisten Beherrscher dieser Welt sind Tambours, Fouriers, Jäger. *Georg Chr. Lichtenberg*

Wir versichern schlaue Füchse, junge Dachse und jede Menge alte Hasen. *Deutscher Ring, Versicherungen*

Die Hasen hatten abgerammelt, / des Rotwilds Brunftschrei war verhallt, / und von der Arbeit ganz verdammelt / zog matt der Haupthirsch durch den Wald.

Joseph von Lauff

Menschen, Hunde, Wölfe, Lüchse, / Katzen, Marder, Wiesel, Füchse, / Adler, Uhu, Raben, Krähen, / jeder Habicht, den wir sehen, / Elstern auch nicht zu vergessen, / alles, alles will ihn fressen. *H. L. v. Wildungen über den Hasen*

In deutschen Wäldern sind die Waschbären vogelfrei. Allein in Hessen wurden 1970 über 600 Stück abgeschossen.

Die Welt

Mit einem gewissen Wildschaden ist überall und immer zu rechnen. Die Wildschäden sind ein teurer Spaß für die Jagdherren, Ärger und Verlust für die geschädigten Waldbesitzer und Bauern, Quelle dauernden Streits um den Schadenersatz ... Der sichtbarste und auffälligste Wildschaden ist das Schälen, das nur die Hirsche, die männlichen und die weiblichen, betreiben. Durch das Schälen ist am meisten die Fichte, der Brotbaum der Forstwirtschaft, gefährdet; noch mehr, wie wir am Taunusrand festgestellt haben, die Edelkastanie. *Frankfurter Allgemeine*

Der überhöhte Wildbestand, seit Anfang des vorigen Jahrhunderts von Menschen überlegt, bis zum Zehnfachen der natürlichen Dichte, hat die Verjüngung der Bergmischwälder verhindert. Sie wurden durch Fichtenmonopolkulturen ersetzt. *Josef Ertl, Bundesminister für Ernährung, Landwirtschaft und Forsten*

Das liebe, unartige Wild wird von der Forstwirtschaft nicht übersehen, da die Wildschäden, die Zuwachsverluste und die Kosten für den Schutz der Kulturen größer sind als die gesamten Schäden im Wald durch Brand, Insekten, Stürme, Schnee und Eis. *Fritz Hauenstein*

Es war nicht die feine englische Art

Der Baron Hermann Rennenberg hat am Rhein ein Eigenjagdrevier; irgendwo am Rhein. Irgendwo, sage ich, bei unserer lieben Jungfrau Loreley ungefähr, der Heineschen Dame mit goldenem Kamme. Der Komparativ von »schön« heißt hier in dem hügeligen Land am Rhein »großartig«, der Superlativ »am großartigsten«.

Für die Bockjagd ist es ein einigermaßen günstiger Tag. Mit Mißmut braucht man vom Wetter nicht zu sprechen; zart wie Tarlatan hängen einige Abendwölkchen im Süden und Westen. Der britische Diplomat, Lance Pope mit Namen, wird vom Baron Rennenberg zu einem Hochsitz geführt.

Wie sein eigenes Monument steht im Roggen, als der Diplomat und der Baron eben den Hochsitz bestiegen haben, der Sechserbock, und zwar dort, wo sich der Roggen vom Regen hingelegt hat. Der Bock ist genau jener, den der Gast schießen soll; er hat hier seit vier oder fünf Jahren seinen Einstand und gilt als Raufbold. Vom Gehörn hat er recht haushälterischen Gebrauch gemacht, die Stangen sind kaum lauscherhoch, wenn auch Vorder- und Hintersprosse gut vereckt sind, wie es in der Sprache der Waidmänner heißt. Es ist ein recht knuffiges und interessantes Gehörn. Sehr kräftige Rosenstöcke und starke Perlungen deuten auf hohes Alter. Es ist in Wahrheit eine gute Trophäe, die der Bock zwischen den Lauschern trägt. Der Diplomat kennt was davon. Er hat ihrer an die zweihundert in seiner exterritorialen Diplomatenwohnung hängen.

Der Bock hatte die beiden Jäger nicht wahrgenommen. Er war vertraut, und es war für den Bock eine Art reservierter Sitzplatz dort im Roggen. Denn plötzlich tat sich der Bock nieder, was er mit Vorliebe dann tut, wenn er etwas ruhen und seine Portion wiederkäuen will. So im Roggen zu sitzen verschafft einen durchaus einseitigen Eindruck, man ist weitgehend gegen Sicht geschützt. Alte Böcke haben das Bedürfnis nach Alleinsein. Es ergab sich, daß der Bock für die beiden Herren nur mit den Lauschern und dem Gehörn zu sehen war. Man kann es ohne Ironie sagen: er saß dort wie ein Faulpelz und döste, nur die Lauscher beschäftigten sich mit Fliegen und Mücken.

Der Baron und der Diplomat dachten übereinstimmend, den kriegen wir, und richteten sich auf ihrem Hochsitz ein. Die Entfernung zum Rehbock betrug hundertvierzig bis hunderfünfzig Gänge. Der Diplomat hatte sich auf die Aufforderung des Jagdherrn »Machen Sie sich fertig« in Positur gesetzt, den Lauf der Waffe durch den breiten Schlitz nach draußen geschoben und auf den Augenblick gewartet, wo der Bock sich aus seinem Bett im Roggen erheben würde. Er faßte alles ins Auge, die Entfernung, die Stellung des Bockes, das mögliche Abkommen beim Schuß. Mit einer Mischung aus Rührung und Spannung saß man nun da; der Diplomat, beutegierig, und das war einer seiner großen Fehler, hatte vom Bock bereits Besitz ergriffen.

Viele merkwürdige Erlebnisse mit Böcken hatte unser Diplomat bereits hinter sich. Nur zwischen den Beinen war ihm noch keiner durchgelaufen. Auch vom Jägerhut hatte ihm noch keiner, während er ansaß, von hinten den Gamsbart weggerupft. Doch diese Geschichte blieb wahr: während einer Morgenpürsch im Königsmoor, über die Schöpfung war ein erster Frühsonnenschein gebreitet, spürten der Diplomat und der Minister des Leibes Notdurft, jeder wollte, wie es schon im Mittelhochdeutschen hieß, »sine notdurft tuon«. Sie machten das Geschäft gemeinsam, etwas Geräusch war unvermeidlich, aber das Malheur, nämlich der Bock, stand plötzlich vor ihnen, im Heidekraut, vierzig Gänge entfernt. Die trostlose Situation wurde nur durch den Morgenstern gemildert. Der Zustand mit den heruntergelassenen Hosen war der beiden Herren unwürdig. Wenn Mr. Pope nicht mit seinem Dusel so geprotzt hätte, er hätte den Bock nicht bekommen. Er griff nach der Büchse, schoß stehend freihändig, die Hose auf den Schuhen. Der Bock war tot.

Fünfzehn, zwanzig, fünfundzwanzig Minuten warteten der Baron und der Diplomat darauf, daß der Bock aufstehen würde, damit man ihm die Kugel antragen könne. Aber der Bock saß und döste und machte keine Anstalten, sich zum Erschießen bereitzustellen. Längst hatte der Baron Ameisen, der Diplomat Hummeln in der Hose. Die beiden Herren rutschten auf ihrem Hochsitz hin und her.

Es war ein starkes Stück, was sich der Bock da erlaubte. Da entschloß sich der Baron zu dem Flüstersatz: »Ich werde ihn mal anpfeifen.« Mr. Pope setzte sich in Positur, der Baron pfiff mit Daumen und Zeigefinger der rechten Hand einen schrillen Pfiff. Der Bock schien einzusehen, daß man ihn erschießen wolle; er blieb sitzen. Einen Moment hatte er das Wackeln mit den Lauschern eingestellt, aber auch nur einen Moment, dann stellte der Bock sich wieder dumm.

Hier mußte man einige Koeffizienten kürzen und einige Unbekannte eliminieren. »Verdammt!« sagte der Baron. »Scheiße!« sagte der Diplomat kräftig auf gut deutsch. Es war nicht, wie man im Volksmund sagt, die feine englische Art. Noch ein paar andere elementare Vokabeln kamen zustande. Das war sympathisch, aber der Bock blieb sitzen. Langsam verkroch sich die Sonne im Westen. Noch war Büchsenlicht, aber das Tageslicht begab sich langsam in die Talfalten und in die Wälder.

Plötzlich begannen die beiden Herren mit Pfeifen und Händeklatschen. Den Bock rührte es nicht. Man begann laut zu sprechen. Der Bock stellte sich taub. Er sah aus wie ein Geschöpf auf sicherem Port. Er saß im Roggen und blieb sitzen. Man begann mit lauten He- und Ho-Rufen, mit Schlagen an das Holz des Hochsitzes, mit Schreien schließlich und lauten Rufen: »Aufstehen! Aufstehen!« Den Bock schierte es nicht. Er saß dort ganz auf Biederkeit und Beruhigung gestimmt, sein Gedankenspiel war woanders, die beiden Jäger wollte er nicht wahrnehmen. Der Baron, wütend und ratlos über den Bock zugleich, griff zum Jagdhorn. Er blies und blus, was das Horn hergab: »Hirsch tot!«, »Has' tot!«, »Fuchs tot!«, nur so, um Krach zu machen. An »Bock tot!« wagte er sich noch nicht heran. Man konnte die Sache nicht mehr ernst nehmen.

Im Dorf hatte man längst die Ohren gespitzt über den Krawall im nahen Wald. Der Wirt Rott begann bereits auf die Pfadfinder zu schimpfen, die öfters in ihren Zeltlagern so rapiden Krach machten und die Jagdgäste störten; ein Normalmensch könne das wohl nicht sein, der dort Krach mache.

Plötzlich, sehr plötzlich, griff der Bock nach seinem bewährten Mittel des Verblüffens. Er stand plötzlich im Roggen, drehte sich halbwegs um und äugte wahrhaftig zum Hochsitz. Korrigierend stellte er sich jetzt sogar mit der Breitseite hin. Die Jäger waren verblüfft. Der Diplomat suchte ihn im Zielfernrohr über den Zielstachel; das alles in Sekundenschnelle. Noch bevor der Engländer die Waffe stechen konnte, sprang der Bock in hoher Flucht ab. Der für die Jagd zuständige Teufel hatte ihn geritten. Es war häßlich vom Bock. Der Schuß ging daneben. Aber ein zweiter Schuß, hinterhergeworfen, traf den Bock auf den Träger; es war reiner Zufall. Der Bock war tot. Es war eine gesunde Mischung von Phantastik und Zufall. Zufall? Es gibt keinen Zufall; und was uns blindes Ohngefähr nur dünkt, gerade das steigt aus den tiefsten Quellen. Wallensteins Tod.

Der Baron Rennenberg, als man zum Bock trat, blies oder blus: »Bock tot!«

»Endlich,« sagte der Wirt Rott und stellte den Sekt kalt.

Zwei gebackene Hähnchen und eine halbe Million Bienen

Von fern her, durch den Talgrund, der aus lauter Wiesen bestand, sahen sie den Grünen kommen. An seiner linken Seite, am Riemen, führte er seinen Hund, einen Deutsch-Drahthaar, um genau zu sein, die Hündin Assi. Er war ein Mann mittlerer Jahre, der Grüne, und er kam von der Vormittagspürsch. Er trug einen geschulterten Drilling.

Den beiden, die da am Waldrand Platz genommen hatten im grünen Gras, fernab jeder menschlichen Siedlung, wollte der Jäger keinen Verdruß bereiten, obwohl sich beim Näherkommen einige Gefühle seiner bemächtigten. Der hellbeige Kombiwagen, mit dem man schnurstracks über die Wiese gefahren war, den Feldweg verlassend, stand da in unmittelbarer Nähe, und wenn man hinschaute, es war in kursiv auf der Wagentür zu lesen, wußte man bald, wer der Besitzer war: Bäckerei K. aus S.

Im Hin und Her der Gefühle sah der Jäger, daß das Paar da im Grase, am Waldrand, zwei gebackene Hähnchen verdrückt hatte, wie man sie in großen Kaufhäusern fix und fertig zum Mitnehmen und Verzehren käuflich erwerben kann. Das Paar war mit der Atzung fertig. Die Knochenreste der beiden Hähnchen hatte man rechts und links ins Gras geworfen, dazu an die zwanzig Tempotaschentücher, denn diese Art Hähnchen machten Mund und Finger fettig. Auch eine Weinflasche lag daneben, leer und grün, und es schien ein Mosel gewesen zu sein.

Ein Gebündel von Einerseits und Andererseits kam auf den Mann mit dem Jagdhund und dem Drilling zu. Plötzlich ging es ihm durch den Sinn, wie ungeheuer vielfältig doch die Aufgaben der Gallup, Noelle-Neumann und Konsorten sein müßten. Ob man beim Picknick oder am Fernsehschirm lieber Mosel oder Rheingauer trinkt? Gleich aus der Flasche, aus dem Pokal oder einem Pappbecher?

Der Grüne war auf einige Meter an die beiden im Grase herangekommen und sagte das Gegenteil von dem, was er meinte: »Guten Tag«, sagte er.

»Tag«, sagte der, der am Boden lag. Das weibliche Wesen enthielt sich einer Bekundung.

»Es ist nicht meine Sache«, sagte der Grüne, der mit dem Drilling, »aber würden Sie nachher das Papier und die Knochen mitnehmen; es verschandelt sonst ein bißchen die Gegend hier.«

»Das lassen Sie gefälligst meine Sorge sein«, sagte der, den man für einen Bäcker halten konnte, denn er hatte ein teigiges Gesicht. Das Wort »gefälligst« eröffnet in Deutschland meist Kriege. Tatsächlich hätte sich der Grüne was Besseres einfallen lassen sollen.

»Ich meine auch nur«, entgegnete er, »es war ja nicht bös' gemeint.«

Jetzt nun war es an unserem Bäcker, der gar nicht der Apo angehört haben konnte, aber plötzlich in deren Vokabular verfiel: »Das geht Sie einen Scheißdreck an.«

»Verzeihen Sie«, sagte der Grüne und ging, einerseits betrübt, daß er die beiden Leute, die hier in der Sonne lagen, gestört hatte, andererseits ein wenig wütend, wie wenig Vernunft auf diesem Planeten zu Hause zu sein schien. Außer der grünen Flasche, den Hähnchenknochen und den zahllosen Tempotaschentüchern waren ihm weitere Details hernach nicht mehr in der Erinnerung. Natürlich hatte der Bäcker, oder was er auch sein mochte, das Zeugs liegen lassen. Die Boulevardzeitung, die Trösterin der Nation, lag noch da, Riesenformat, und die Sonne fiel auf die Schlagzeile: »Der Mond ist jetzt ein Ami«.

Es war an einem Waldrand, an einem Vormittag. Zwei Altbussarde waren mit ihren Jungen bei einem Segelflugwettbewerb, und rings um das Liebespaar waren, vorwiegend auf dem Weißklee, mehr als eine halbe Million Bienen am Werk, die der Journalist drüben von seiner Imkerei für sich im Akkord arbeiten ließ. Der Imker traf den Grünen nach einigen Tagen und erfuhr den Hergang. Zur flotten Rede schon von Berufs wegen neigend, sagte er: »Der deutsche Mensch wirft das deutsche Papier in den deutschen Wald.« Und in seiner üblichen Art, zu generalisieren, sagte er: »Das ist der deutsche Mensch!« »Wem sagen Sie das?« sagte der Grüne. Mehr sagte er nicht. Die Unarten des deutschen Menschen haben eine alte und ansehnliche Tradition.

Ein schwanzloser Hund kann seine Freude nicht äußern

Ein schwanzloser Hund kann seine Freude nicht äußern.

Albanisches Sprichwort

Kein Tier ist dem Menschen sympathischer und für den Umgang geeigneter, gelehriger, empfänglicher und dankbarer als der Hund, kaum eines in solchem Maße der Veredelung und Dressur fähiger und anhänglicher; ja, man könnte, ohne Pessimist zu sein, sogar fragen: Wo findet man denn heutzutage noch Treue und Dankbarkeit in der Welt, als beim Hunde? *Professor Dr. M. Heß*

Geld allein macht noch keinen Waid- und Rüdemann.

Altpräsident Cosack vom Deutschen Jagdschutz-Verband

Will man einen Hund schlagen, findet man immer einen Stock. *Sprichwort aus Malmedy*

Wenn die Hunde hinken, die Weiber weinen und die Krämer schwören, so hat das nicht viel zu bedeuten.

Sprichwort aus Dänemark

Ein alter Hund schnappt nicht umsonst.

Sprichwort aus Großbritannien

Eines Mannes treuester Freund ist sein Hund; er ist sogar noch besser als sein Weib. *Sprichwort der Eskimos*

Ohne Hund kannst du keinen Hasen fangen.

Sprichwort aus Rußland

Ein Hund, den man auf Schultern trägt, fängt kein Wild.

Sprichwort aus Senegal

Manche teuren, gut abgerichteten Schweißhunde vertrauern oft in einem Zwinger. Wenn dann der Herr endlich ins Revier fährt, prescht der Hund, ein Lauftier, sofort davon und hört weder auf Ruf noch Pfiff. Stellt er sich hechelnd wieder, bezieht er oft Dresche und weiß nicht warum. So wird er verdorben. *Friedrich Ostermann,*

Vors. des Deutschen Jagdgebrauchshundeverbandes

Wenn der Jagdhund im Revier mit seiner Losung den Boden düngt, zieht der Waidmann den Hut; der Stoffwechsel des Hundes verheißt ihm Glück auf der Jagd.

Altes Brauchtum

Nichts ist schwerer auszurotten als das Grundübel falscher Hundeabrichtung, das Vermenschlichen des Hundes, die Idee, dem Hunde »fehle nur die Sprache«, »er verstünde jedes Wort«, »er hätte seinen Dickkopf für sich«, »er wisse genau, was er verbrochen habe« usw.

F. Granderath, »Hundeabrichtung«

Herr Heder ist in der Hauptsache »Derby-Dresseur«. »Derby« – einem guten Deutschen ballt sich unwillkürlich die Faust, wenn er sehen muß, daß der deutsche Michel den englischen Schwindel unserer Todfeinde selbst heute – 1925 – noch nicht losgeworden ist. Im Jahre 1894 habe ich den Nachweis geführt, daß die Narrheit, deutsche Jährlinge im Paarhühner-Feld auszuzeichnen, wie dies die Briten mit ihren Pointer und Setter tun, den Ruin für unsere Gebrauchshundsache darstellt. Der »Derby«-Mann schießt den jungen Hund gleich bei den ersten Hetzen aufs Hinterteil und tritt mit einem absolut hasenreinen deutschen Pointerling an, der nur für Hühner Interesse hat. Nach diesen Grundsätzen dressiert Herr Heder seine »Sieger«. Mein alter Freund, Förster Schmidt in Bisten an der Saar, der vorzügliche Gebrauchshund-Dresseur, hat auf Gebrauchsprüfungen errungen: acht 1. Preise, zwölf 2. Preise, dreizehn 3. Preise; auf Jugendprüfungen: acht 1., vierzehn 2. und sechs 3. Preise. »Derby«-Sieger befanden sich keine hierunter, wohl aber sieben Totverbeller.

Oberländer in »Dressur u. Führung d. Gebrauchshundes«

Bei den verdorbenen Jagdhunden gibt es den handscheuen Hund, den schußscheuen Hund, den schußhitzigen Hund,

den überdressierten Hund, den Blinker, den Quetscher, den Anschneider und Schlucker, den Totengräber und den wildernden Hund.
Oberländer in »Dressur u. Führung d. Gebrauchshundes«

Mancher Jäger findet eher eine passende Frau als einen geeigneten, ihn voll befriedigenden Gebrauchshund. Der Ankauf ist ein Akt der Qual und eine unversiegbare Quelle des Ärgers. Mindestens in sechs von zehn Fällen ist der Käufer unzufrieden. Hochweise »Kynologen« sprechen von »Plastik des Gebäudes«, von »aristokratischer Gesamterscheinung«, der Hund muß rasserein, von tadellosem Gebäude, gut im Kopf, mit einem Wort, er muß »schön« sein. Dies Ideal kommt in der Wirklichkeit nicht vor. *Oberländer*

Ein fetter Hund taugt nicht zur Jagd. *Jägerspruch*

Die Jagd geht schlecht, wo Hunde sind zu viel.
Jägerspruch

Wer keinen Hundsfurz riechen kann, soll auch kein Wildbret essen. *Jägerspruch*

Der alte Oberförster mußte seinen Cäsar begraben. Der hatte ausgedient. »Ach Hugo«, seufzte mitleidig des Oberförsters Gattin. »Ja, ja«, seufzte der alte Oberförster zurück, »jetzt hab' ich nur noch dich!«
Elisabeth Pablé in »Gar lustig ist die Jägerei«

Ich habe mir die Mühe gemacht, im Zuchtbuch meine Hunde bis an den Anfang der Ahnenreihen zurückzuverfolgen. Der Sehr-Kleine-Münsterländer Lady vom Ulmenhof (Stockmaß 48 cm) ist eng gezogen, durch Generationen sogar im Inzest, ihr Ahnenschwund ist so bedeutend, daß schließlich nur noch ganz wenige übrigbleiben, und die kommen in gerader Linie und ohne Spaniel- und Langhaarblut unmittelbar auf die alten Heitmannschen Hunde der Jahrhundertwende, die »Spione« und »Pastorenhündchen«, die alten Epagneuls und damit zu den Bracken der Normandie und der Bretagne.

F. K. v. Eggeling in »Wild und Hund«

Der Windhund jagt mit den Augen, hat keine Nase und kann seine Fähigkeiten nur im offenen Gelände entwikkeln. Innerhalb von sechzig bis siebzig Gängen werden die Hunde losgelassen, und die Jagd beginnt in einem wilden Tempo. Bei der Hetze röchelten die Hunde manchmal vor Anstrengung und bliesen fast aus dem letzten Loch. Der erste beim Fang bekam den linken Löffel des Hasen als Trophäe. Ich habe mir jahrelang meine Siegeszeichen in zugeklebten, mit Datum versehenen Kuverts aufbewahrt. Das Wildpret des gehetzten Hasen ist wider Erwarten eine Delikatesse. Es kam vor, daß Hunde ärztliche Behandlung benötigten; es kam sogar vor, daß ein Hund nach dem Fang einen Herzschlag bekam. *Endre Graf Csekonics*

Auf, umstellet die schattigen Wälder und die Höhen des Kekrophischen Berges, auf ihr, lockert die Leine den schweigenden Hunden. *Seneca*

Bracken – diß seyn außerwehlte Hund / und begehren sonderlich der starck riechenden Thier / Als da seyn Schwein / Beeren / Füx und andere dergleichen. *Jagd-Brevier*

Der Tierhalter hat für jeden durch seinen Hund einer anderen Person zugefügten Schaden einzustehen. Dabei stehen Verwandte nicht schlechter als andere Personen.

Oberlandesgericht Nürnberg

Die misera plebs: Die Krähen

Eine alte Krähe krächzt nicht ohne Grund, sagt das Sprichwort. Von Kindesbeinen an habe ich einen unüberwindlichen Schauder vor Krähen gehabt. Vielleicht lag das am Herrn Barbarossa, dem Rotbart aus dem Kyffhäuser, um dessen Haupt sie kreisten und offenbar beträchtlich krächzten. Ich war weder für noch gegen Barbarossa, aber wie er so dasaß und den Helden mimte, fand ich es ungehörig von dem Krähenvolk. Ich nannte es schon früh Krähenpack, und das erste Tier, das ich mit einem Kleinkalibergewehr erlegte, war nach einer Ratte eine Krähe. Die Krähe gehört zur misera plebs unter den Tieren.

Allerdings würde die Welt des Jägers um einen ganzen Gemütskomplex ärmer sein, wenn es die Krähenschwärme nicht gäbe. Und es gibt nur einen Monat, der den Eindruck von »schwirrem Krähenflug« (frei nach einem Nietzsche-Gedicht) vermittelt, der graue, miese November. Die Krähe ist die Pointe des Monats November, die andere ist der Tod. Nicht das Käuzchen, sondern die Krähe ist für mich der Totenvogel. In der Sowjetunion habe ich als Soldat von der finnischen Tundra über Karelien bis zum Kaukasus an Wild nur Schwärme von Krähen gesehen, nichts anderes.

Die Krähen scheinen das hungrigste Pack unter den Vögeln zu sein. Richard Gerlach hat in einer Expertise über sie gesagt: »Sie spähen hinab, ob es etwas zu fressen gibt, sie lugen nach jedem Fetzen auf dem Acker. Wo ein verendetes Tier liegt, sind sie bald, und es macht ihnen nichts aus, wenn es schon in Verwesung übergegangen ist: wie die Geier der heißen Länder räumen sie mit Aas und Unrat auf.«

Noch ist die ferne Kindheit gegenwärtig. Der Vater hatte aus einem Pulk von fliegenden Krähen eine Nebelkrähe heruntergeholt. Sie lebte noch und war nur geflügelt. Der Flügel wurde geschient, und die Krähe, die selbstverständlich Jakob genannt wurde, hat noch vier oder fünf Jahre in voller Narrenfreiheit eine Familie terrorisiert. Nachdem man sie taktvoll hatte leben lassen, hätte man etwas Gesittung erwarten dürfen; nichts davon. Sie blieb der Spielgefährte eines Hundes, der sich nicht entmutigen ließ, immer wieder mit ihr auf das liebenswürdigste anzubändeln. Der Tod des Hundes zog schließlich auch den Tod der Nebelkrähe Jakob nach sich.

Die Krähen haben sich später auch politisch orientiert und engagiert. Saat- und Rabenkrähe haben sich für die Bundesrepublik, die Nebelkrähe für die DDR entschieden. Tatsächlich ist die Demarkationslinie zwischen den beiden Deutschländern auch die Scheidegrenze bei den Krähen. In der Bundesrepublik brüten keine Nebelkrähen, sie kommen erst im späten Herbst, des Stacheldrahts nicht achtend, in Flügen nach Westdeutschland und zigeunern hier mit der Saatkrähe umher. Die Nebelkrähe kann sich nicht von dem Odium befreien, stark links orientiert zu sein. Nicht die Oder-Neiße-, sondern die Elbe-Werra-Linie trennt die Brüder und Schwestern.

Krähen machen den größten Lärm. Sie sind wie eine Kanaille, wenn sie, oft in riesigen Schwärmen, über die Äkker schreien. Den nahenden Jäger erkennen sie schon von weitem. Sofort, wenn er naht, setzt Majestätsbeleidigung ein. Krähen verschlafen nichts, obwohl sie abends regelmäßig zu ihren Schlafbäumen rudern. Und sie schreien tatsächlich auf lange Strecken immer wieder: Hurraah, hurraah, als ob sie irgendwo unbezahlte Rechnungen hinterlassen hätten. Eine alte Krähe, sagt das Sprichwort, und ich wiederhole es, schreit nicht ohne Grund. Ist es der Mensch, dessentwegen sie schreit?

Jagdsprüche – Kollagen I

Die Jäger und die Füchs, die taugen beide nix.
Wandspruch in einer Kneipe im Bayerischen Wald

Es sind nicht alle Jäger, die das Horn gut blasen.
Russisches Sprichwort

Jeder Holzsammler, jeder Beerensucher ist verdächtig und hat sich oft als gefährlicher Wilddieb oder Schlingensteller entpuppt. *Ferdinand von Raesfeld*

Der Seehund – Ich setze mich für den Schrotschuß ein, der nicht obligatorisch, sondern nur neben dem Kugelschuß erlaubt werden soll. Der Seehund kann nur durch Kopfschuß erlegt werden, der sofort tödlich sein muß, weil es eine Nachsuche im Wasser nicht gibt. *Siegfried Ramm*

Es können Rinder, Lanzen, Jagdtrophäen, ja in Afrika heute auch emaillierte Waschschüsseln sein, die man in möglichst hoher Zahl nicht zum Gebrauch, sondern lediglich zur Besitzdemonstration sammelt. Immer kommt es auf das »Viel von einer Sorte« an.

Professor Otto Koenig, Verhaltensforscher

... teile ich Ihnen mit, daß ich seit mehr als zwanzig Jahren nicht in der ČSSR gewesen bin und deshalb dort auch nicht auf Kronenhirsche gepirscht habe.

Alfried Krupp von Bohlen und Halbach, Essen

Die Wilderer sollen gefangen werden »wie die wilden Säue und an den Galgen gehenkt, so auf der hohen Warte steht, damit des Abführens halber nicht wieder eine Disputation einfalle wie zuvor«. *Wilhelm IV. von Hessen, 1567*

Von überall, das heißt von allen revolutionären Zonen der Geschichte, bricht der wilde Haß der unteren Klassen gegen die oberen hervor, weil diese die Jagd beschränkt hatten. Dies zeugt von dem wilden Drang zu jagen, den die unteren verspürten. *Ortega y Gasset*

Auf den Wilddieb wirkt die geschlossene Kanzel immer abschreckend, da er nie ahnen kann, ob sie besetzt ist.

Günter Tiedtke, Wildmeister

Die Ursache für den verdorbenen Hund ist in hundert Fällen neunzigmal in ungenügender Dressur und schlechter Führung zu suchen. Von allen zur Jagd verwendeten Vorstehhunden gehören neunzig Prozent in die Klasse der verdorbenen. *Oberländer*

Auf Wildgäns' im Zug / und Enten im Flug, / da hat schon mancher verdrossen / sein ganzes Blei verschossen.

Jägervers

Reminiscere – putzt die Gewehre. – Oculi – da kommen sie. – Laetare – das ist das Wahre. – Judica – sind auch noch da. Palmarum – tralarum. Quasimodogeniti – Jäger halt, jetzt brüten sie. *Jägervers über die Schnepfen*

Es ist wohl kaum strittig, daß es für das Wild keinen größeren Streß geben kann als den Schuß, der nicht umittelbar tödlich ist. Besonders vom Großwild sind die Berichte nicht gerade selten, daß nach dem Schuß ein Verbleiben am Platz in gleicher Stellung eintrat. Im vorletzten Jahr passierte dies dreimal Jagdfreunden beim Schuß auf Elche und Rothirsch, die aber zur Strecke kamen. Einen Streß wird man sicher unterstellen dürfen. *Prof. Dr. W. Eickhoff,*

Pathologisches Institut Duisburg

Die Abendröth bringt klare Zeit, / Welche des Jägers Herz erfreut, / Auf daß er könn früh vor Tagen / Um desto sicherer fein trocken jagen. *Alter Jägerkalender*

Ein Jäger, der auf der Treibjagd bereits beim Angehen geladen hat, handelt fahrlässig.

Schöffengericht Verden/Aller

Sind die Ebereschen rot wie Korallen, ist der Hirsch vom Feist schwer, und er mag fallen. *Jägerspruch*

Nur der Jäger Unverdrossen, / hat schon manchen Hirsch geschossen. *Jägerspruch*

Alter Gams und alter Has' geben einen Teufelsfraß. *Jägervers*

Das Tier hat auch Vernunft, / das wissen wir, die wir die Gemsen jagen. / Die stellen klug, wo sie zur Weide gehen / 'ne Vorhut aus, die spitzt das Ohr und warnet / mit heller Pfeife, wenn der Jäger naht. *Friedrich von Schiller*

Blatten zu jeder Stund' ist dem Revier ungesund. *Jägervers*

So entspricht's dem Hegezwecke: Soviel Geißen, soviel Böckc. *Jägervers*

Wer einen Fuchs überlisten will, muß früh aufstehen. *Alte Jägerweisheit*

Ein verprellter Fuchs geht nicht ins Eisen. *Jägerspruch*

Sonnt sich der Dachs in der Lichtmeßwoche, geht auf vier Wochen er wieder zum Loche. *Jägervers*

Den Auerhahn macht Liebe blind, / so gehts auch manchem Menschenkind. *Jägervers*

Spielho, gib acht, daß die de Bix net d'rlangt, / Jaaga, gib acht, daß di's Diandl net fangt. *Aus dem Bayrischen*

Jagdgelegenheit mit Bockabschuß wird geboten. Gesucht wird Drei-Zimmer-Wohnung.

Hannoversche Allgemeine Zeitung

Ein Poster hängt im Königsmoor

Beim Heidjer Ehrmann im Königsmoor, wo er drei Jahrzehnte im dürftigen Gelasse unterm schrägen Dach seine Jägerbleibe hatte, mitten in seinem Jagdrevier, wo es als Experiment gewissermaßen das Plumpsklosett noch gab, wo ihn der Wittelsbacher Prinz Albrecht von Bayern besuchte, um einen schwarzen Rehbock zu schießen, wo sonntags der Landpolizist aufgeregt angeradelt kam, weil der Bundeskanzler Adenauer am Telefon gewesen sei und er möchte sofort zurückrufen, dieses Gelaß, von der Welt und vom roten Telefon abgeschnitten, war, obwohl ganz nahe die Fernzüge Stockholm–Paris vorbeidonnerten, direkt an den balzenden Birkhahnen und den schwarzen Moorlöchern vorbei – das alles ging bei Rolf Dahlgrün, weiland Bundesminister der Finanzen, mit rechten Dingen zu. Hier hatte die Jagd das letzte Wort. Hier war alles zu einem gewissen Gleichgewicht gelangt. Mehr als diese Balance kann der Mensch auf dieser Erde nicht erreichen.

Und hier hing, in Dahlgrüns Heidegelaß, ein Poster an der Wand, pop-art; der Minister hatte sich emanzipiert.

»Sieben Gebote im Königsmoor« hatte ein Grafiker festgehalten mit etwas Jugendstilgeschnörkel. Es war kein literarisches Kunstgebilde, sondern Jägerprosa aus der Lüneburger Heide, nicht einmal à la Löns:

I

Du sollst dem Jagdherrn Ehrfurcht bezeigen und nur das und nicht mehr schießen, was freigegeben ist – auf daß Du wiederkommen kannst.

II

Du sollst nicht auf Dich warten lassen, Deinen Stadtfrack und alle Unruhe zu Hause lassen, aber Zigarren, Zigaretten, Patronen und sonstige Utensilien selbst mitbringen – auf daß Du ohne Schulden bleibest.

III

Du sollst beim Skat Dein Geld mit Anstand verlieren – auf daß Du Deinen Mitmenschen Freude bringest.

IV

Du sollst nicht begehren Deines Nächsten Stand, Wild oder sonst, was sein ist und keine Mutter- und Kindesmorde begehen – auf daß Du von Todsünden rein bleibest.

V

Du sollst sorgfältig, genau und nicht zu weit schießen und bei Nachsuchen ausdauernder sein als beim Skat – wenn es auch schwerfallen sollte.

VI

Du sollst Deines Nächsten Hund nicht für Deine eigene Schlamperei verantwortlich machen – auf daß Du nicht für einen Pharisäer gehalten wirst.

VII

Du sollst den Jungfrauen im Königsmoor und in der näheren Umgebung nicht nachstellen – alldieweil sie ganzjährig geschützt sind.

Jagdsprüche – Kollagen II

Der Jäger, der nicht säuft, der Hund, der nicht läuft, und das Mädchen, das nicht stille hält – das sind die drei größten Wunder der Welt! *Alter Jagdvers*

Also das verstehe ich nicht, soviel Brimborium um das bißchen Wild, was wir noch haben. Irgend jemand hat die Kandidaten gefragt, was Burgstall und Fädchen sind, und außerdem mußten sie Jagdsignale können. Lohnt sich denn der Aufwand?
Lokalreporter, von einer Jägerprüfung zurückkommend

Das Damwild – edel, liebenswert, leicht zu hegen, schwer zu bejagen, die Sinnenschärfe von keinem anderen Wild übertroffen. *Paul Hansen, Revierjäger*

Das Schwarzwild ist eine der interessantesten und urigsten Wildarten in Deutschland. Trotz jahrhundertelanger Verfemung und Verfolgung ist es nicht ausgerottet worden.
Karl Snethlage

Wan i geh auf die Pürsch, / zittern d'Reh, zittern d'Hirsch, / Denn sie fürchtn mei Blei, / i schiaß seltn vorbei, / denn sie fürchtn mei Blei, / i schiaß seltn vorbei. *Bayer. Jägerlied*

Jagdgöttin: soviel wie Artemis (griechisch), Diana (lateinisch), Tochter des Zeus und der Leto, Schwester Apollos, die volkstümlichste Göttin der Griechen, Herrin der freien Natur, die mit ihren Nymphen jagend auf den Bergen umherzieht und auf wasserreichen Auen haust. Sie beschützt die wilden Tiere und den menschlichen Nachwuchs, ist daher auch Geburtsgöttin. *Der Große Brockhaus*

Geflügelte Ente, Schnepfe und Huhn / geben dem sichersten Jäger zu tun. *Jägervers*

Was verstehen wir unter der ›Jagdethik‹? Die Lehre der göttlichen, d.h. der ewigen waidmännischen Gesetze. Der waidgerechte Jäger darf niemals gegen die innere Stimme vom geraden und anständigen Wege abweichen. Er muß sich eine waidgerechte Jagdauffassung bewahren und sich die Achtung vor dem Geschöpfe Gottes zur höchsten Pflicht machen. Nicht das Beutemachen ist der tiefste Sinn und der Reiz des Waidwerks, sondern die ethischen Werte sind es, die das Jagen zur hohen Manneslust machen.

Dr. Richard Blase in »Die Jägerprüfung«

In einem zivilisierten Land kann man die Jagd nicht ganz ernst nehmen. In Frankreich ist sie ein großes Schauspiel, bei dessen Inszenierung man viel Talent, Instinkt und Aktivität entfalten kann. Dabei ist der Reichtum an Wild keineswegs unbedingt erforderlich für die Jäger, die die richtige Einstellung zur Jagd haben. Man braucht bloß einen Hasen, und damit allein kann die Aufführung schon vollendet in Szene gesetzt werden.

Der französische Maler Gustave Courbet

So brachte Professor Koenig Sigmund Freud ins Gespräch. Das Gewehr als Phallus-Symbol zu bezeichnen, ist krankhafte Phantasie, die sich als Wissenschaft tarnt. Die Jagd als Ausgleich für entgangene Sexualität zu bezeichnen, mag unter Psycho-Analytikern üblich sein, aber mir ist kein Jäger bekannt, bei dem der Verdacht besteht, er müsse unerfüllte sexuelle Sehnsüchte mit dem Gewehr abreagieren. Ich würde eher behaupten wollen, daß sich am Familienleben der Jäger manch Professor ein Beispiel nehmen könnte.

Norbert Lies in »Wild und Hund«

Herr Professor Koenig aus Wien hat die Jäger nicht nur als jagende Affen sondern auch als Metzger herrenloser Tiere bezeichnet. Derartige Hirngespinste sollten eigentlich der allgemeinen Verachtung anheimfallen. Wir Jäger wollen uns wegen eines einzigen nackten Affen nicht aus dem Gleichgewicht bringen lassen. Trotzdem Waidmannsheil!

Albrecht Fürst zu Hohenlohe-Jagstberg

Wir warnen alle Kraftfahrer vor Wildunfällen. In den kommenden Wochen ist durch die Brunftzeit diese Gefahr besonders groß, vor allem in den Morgenstunden und in der Abenddämmerung.

Deutscher Touring Automobilclub (DTC)

Wenn der Urhahn balzt

Wer die Hahnen schießt vor Sankt Georgen, muß das Treten der Hennen selber besorgen. Der Georgstag ist der 23. April. Es war der 28. April. Ich war gepackt von der Aussicht, einen Auerhahn schießen zu dürfen. Ich kann die Spannung nicht nennen, mit der ich dem Forstmeister im hohen Schwarzwald gegenübersaß. Es lag außerhalb der Straßen und Wege noch Harschschnee. Der Revierförster werde mit mir zum Verhören hinausfahren, sagte der Forstmann.

Aber die Sache nahm pfiffige Formen an. Es war nicht die erste Mitteilung, die mir der Förster zukommen ließ. Im nebenhinein bemerkte er, daß der Fürst, der Tausende und aber Tausende Quadratkilometer Latifundien hier sein eigen nennt, wahrscheinlich heute abend auch auf den großen Hahn ansitzen werde, im Nachbarrevier. Wir schienen an ein besonders interessantes Thema geraten zu sein. Ich wollte etwas heraushören, aber ich fand es dann doch als eine Litanei, die ich nicht vertiefen mochte. Sollte der Fürst doch auch einen Hahn schießen. Geschenkt wird einem ja nichts, auch dem Fürsten nicht.

Wenn nun heute abend, fragte der Revierförster seinen Forstmeister, ein Hahn einfalle und schußgerecht komme, ob der Gast dann schießen dürfe? Der Forstmeister hat es nicht gerne, wenn gleich beim ersten Ansitz geschossen wird. Es wäre unter der Würde eines Waidmanns, gleich am ersten Abend den Finger krumm zu machen. Der Forstmeister, ausnahmsweise, hatte keine Bedenken. Über der Auerhahnbalz liegt ein Zauber, der keine abfälligen Wendungen verträgt. Die Zunft derer, die auf einen Auerhahn jagen können, ist klein.

Schon kurz nach achtzehn Uhr fuhren wir hinaus. Die hohen Fichtenbestände waren an die zweihundert Jahre alt, die Wege schneefrei, rechts und links lag noch in den Bodenfalten alter Harsch. Das Auerwild hat bestimmte Balzplätze. Im lichten Fichtenbestand, wo jeder Baum die Höhe einer Kirche hat, setzten wir uns auf unsere Jagdstühle, ich hatte, wie geheißen, 3 1/2-mm-Schrote geladen. Es wurde dunkel. Wenn es sich so verhält, daß in der Stille dieser Stunden der liebe Gott durch den Wald schreitet – hier geschah es. Die letzte Amsel hatte ihr Geflöte eingestellt, der letzte Zaunkönig seine Konkurrenz, es war tiefe Ruhe im Bestand.

Um genau zwanzig Uhr war es soweit. Es rauschte und klatschte. In der Fichte über mir fiel der Hahn ein. Es war nunmehr stockduster. Und dann begann der Hahn, verzeiht, zu telefonieren. Zum Förster und zu mir herunter. Es begann nach zehn, zwanzig Sekunden mit dem Knappen, und das kann ich nicht besser wiedergeben als der alte Winckell: Es ist »ein gleichsam doppelt schnalzender Laut, welcher ungefähr so klingt, als wenn zwei völlig ausgedörrte Stöcke von hartem, schalenlosem Holze zusammengeschlagen werden«.

Das Knappen des Hahns ist eine Art Vorspiel, gewissermaßen die Introduktion eines Stückes. Aber zum Hauptschlag und Hochschlag, zum Schleifen, wobei nach dem Waidmannsritus der Hahn vom Jäger jeweils mit drei Sätzen angesprungen werden muß, denn sein eigenartiger Gehörgang ist während des Schleifens geschlossen, kam es nicht.

Der Förster, flüsternd: ob ich den Hahn sehe, ob ich schießen könne? Ich sah ihn über mir gegen das Dunkelgrau des Himmels. Der Hahn fiel mir im Schuß buchstäblich vor die Füße. Ich machte mir keine Illusionen, dies war kein Waidwerk. Ich stehe nicht an zu sagen, daß mich Schamgefühl überkam. Ich setzte mich, obgleich der Förster den Befehl zum Schießen gegeben hatte, in ein zweifelhaftes Licht.

Aber das Licht war zweifelhaft ohnedies. Wir luden den toten Auerhahn in den Kofferraum, und bei der Heimfahrt sagte der Förster dies: »Um noch mal auf den Fürsten zurückzukommen. Die Durchlaucht hat bis heute vierhundertachtundsechzig Große Hahnen geschossen, keinen mehr und keinen weniger. Beim hohen Adel zählt der Auerhahn zur Hohen Jagd.«

Interessiert war ich an der Frage, was er damit gemacht habe, er könne sie doch nicht alle ausgestopft in seine Burgen und Schlösser hängen. Das nicht, entgegnete der Forstmann, er verkaufe sie an einen Präparator in Pforzheim, und der wiederum verdiene eine hübsche Stange Geld durch den Verkauf an Hotels und Privatpersonen. Kommerziell schien dem hohen Herrn etwas an den vielen Auerhähnen zu liegen. Den Revierförster interessierte und erregte es mehr, als er sich merken lassen durfte. Ein Mensch schießt vierhundertachtundsechzig Auerhähne. Ein normaler Jäger, sagte er, schieße nur einen Hahn in seinem Leben.

Du schlankes Reh, das du die Menschen fliehst

Es hat einen formschönen Bug, der auf zwei ungemein behenden, rassigen Vorderläufen ruht, und mit dem weißen Spiegel und der Schürze eine Heckansicht, die einem eleganten Automobil an Schönheit in nichts nachsteht. Es stand auf der Lichtung, zwischen dem Stockausschlag einiger Eichen und junger Lärchen. Das Bild war sanft und der Jäger, der hinter einem Baum stand, von einer gewissen Befangenheit. Der Jäger war etwas melancholisch umflort von dem einen Satz: So jung möchte ich noch mal sein. Aber das waren alles fragmentarische Gedanken. Das Reh, sehr vertraut, ahnte den Menschen nicht, der dort stand und es beobachtete. Aber dieser Mensch, als er das Tier sah, wie es sich gab und daherschritt, hatte plötzlich die Metapher: Mannequin.

Das Gewand des Mannequins, also die Decke, war, da es Juni und früher Sommer war, nicht flammendrot, wie es die Jagdliteraten immer ausdrücken, sondern gelbbraun glasiert. Jetzt hätte ruhig etwas gedämpfte Musik über die Lichtung kommen können.

Das Reh, so vertraut es war, hätte die Welt nicht anders als unter dem Gesichtswinkel der speziellen Gefahr durch den Menschen sehen müssen. Aber wie nun: wie kommt der Mensch dazu, eingreifen zu wollen in dieses Bild? Das Mannequin Reh zog langsam weiter, rupfte an Blättern und stand plötzlich ganz ohne Regung da, selbst die Kaubewegung ließ es sein, ein paar Blätter im Winkel des Äsers bewegten sich nicht. Von was mochte es Wesens machen? Hatte es ein Zipfelchen Wind bekommen?

Da stand das Mannequin Reh. Daß es kein Knopfbock sondern ein weibliches Stück war, sah der Mensch am Gesäuge, obwohl die Zitzen nur zu ahnen waren. Aber auch bei Mannequins sind, wie man weiß, die Brüstlein nur zu ahnen. Es gibt dort, hier wie da, keinen festen anatomischen Anhalt.

Plötzlich ein Kuckuck, sehr tief über die Lichtung kam er angeflogen und rief den Ruf, der ihm den Namen gab. Vielleicht wollte der Vogel die Mannequin-Kreatur auf die Probe stellen. Das Reh schüttelte nicht einmal den Kopf. Es wußte sich gut zu beherrschen. Der Kuckuck strich ab. Ein Kuckuck stört ein Reh nicht.

Die Ruhe schaffte um das treuherzige Mannequin Reh eine Luftschicht von Zutraulichkeit und Einverständnis. Aber auf diese Ruhe schienen der Mensch und das Reh hereinzufallen, denn: aus keinem ersichtlichen Grunde schmälte das Schmalreh und sprang überraschend flüchtig mit bellendem Ton ab. Das Reh schimpfte. Der Mensch sah den wippenden Spiegel, das Tier verschwand im hohen Stangenholz. Adieu, Reh!

Es war eine Geschichte, die der Wald erzählt. Warum

schreckte und schimpfte das Reh? Hatte es doch vom Menschen Wind bekommen?

»Du schlankes Reh, das du die Menschen fliehst ... Ein Mensch ... Ach Reh, was geht der Mensch mich an?«

(Christian Morgenstern)

Jagdsprüche – Die elegante Volte

Wenn Sie die ärgerliche Gegenwart satt haben, wenn Sie es müde sind, ›ganz 20. Jahrhundert zu sein‹, dann nehmen Sie die Flinte, pfeifen Ihrem Hund, gehen in den Wald und geben sich einfach für ein paar Stunden oder ein paar Tage dem Vergnügen hin. Beim Jagen gelingt es dem Menschen wirklich, die ganze historische Entwicklung zu annullieren. Der Jäger ist gleichzeitig der Mensch von heute und der vor zehntausend Jahren. *Ortega y Gasset*

Der Fürst Ferdinand Solms-Braunfels war ein leidenschaftlicher Jäger, und so war denn auch das Korps seiner Forst- und Jagdbeamten übergroß und glänzend uniformiert. Der hohe Herr hatte damals seinen soundsovieltausendsten Fuchs geschossen und hatte darum bei einem Galadiner einen goldenen Fuchs als Busennadel angelegt.
G. von Dienst, Landrat in Wetzlar

Gute Jäger, gute Freunde *Marschall Tito*

In der Eifel erben die ältesten Bauernsöhne den Hof, die zweitältesten den Wildschaden.

Bürgermeister aus dem Bitburger Land

A ang'schoßner Fux, oh mei, der geht durch drei Forstämter! *L. B. Frhr. v. Cramer-Klett*

So war der Januar herangekommen. Ich hatte überall in der Umgebung Luder ausgelegt: ich kaufte alte Pferde, zu drei Rubeln das Stück, ließ sie in den Wald führen und schoß sie an geeigneten Stellen tot. Die Wölfe kamen aber unregelmäßig, und nur wenige Male wurden die Luder angenommen. *E. Frhr. v. Kapherr in »Wo es trommelt und röhrt«*

Den weitaus meisten jagdlichen Verdruß / verursacht das Benehmen nach dem Schuß.

Walter Hulverscheidt, Forstmeister

Die Bundesrepublik verlor nach dem Zweiten Weltkrieg fast täglich Wald- und Ackerflächen in der Größenordnung eines mittleren Bauernhofes an Wohnungs- und Industriebauten. Dennoch gelang deutschen Jägern ein »Wild-Wirtschaftswunder« ohne Beispiel. Mit über 1,3 Millionen Rehen und 80000 Hirschen leben in Feld und Flur heute mehr Tiere als zur Jahrhundertwende. *»Publik«*

Jagdschein, amtliche Bescheinigung über geistige Unzurechnungsfähigkeit; Zubilligung des § 51 StGB

Heinz Küpper
in »Handliches Wörterbuch der deutschen Alltagssprache«

Alle Füchse kommen endlich beim Kürschner zusammen.
Russisches Sprichwort

Wer einen Fuchs fangen will, darf keinen Schöps hinters Garn stellen. *Russisches Sprichwort*

Ein alter Fuchs ist schwer zu fangen. *Sprichwort*

Lance Pope, Botschaftsrat der Britischen Botschaft in Bonn, wohnte mit einem Bonner Journalisten als Jagdgast im Kurhotel Kaltenbronn im Schwarzwald, wo beide einen Hirsch schießen wollten. Zwei Tage vor der Abreise kam ein weiterer Jagdgast, der Oberkommandierende der amerikanischen Armee für Europa aus Heidelberg, General Freeman. Beim ersten abendlichen Umtrunk sagte Pope dem General, es mache einen guten Eindruck, wenn er am erlegten Hirsch – das sei deutsches waidmännisches Brauchtum – mit dem Hut in der Hand dreimal ausrufe: Horridoh, joho, hussassa, hussassa, hussassa! und dann dem Förster die Hand reiche und Waidmannsdank! sage. Es kam, wie der Brite geahnt hatte. Der Oberförster Merkel sagte nachher nur: »Nein, so was!« und der Oberforstmeister Volz: »Diese Amerikaner!« Das Hussassa! war Jägerlatein. *Zeitgenössischer Chronist*

Den Mann lernt man kennen im Spiel, bei der Buhlschaft und auf der Jagd. *Martin Luther*

Es gibt Leute, die die Jagd zur Weltanschauung machen, es gibt andere, die sie mit einem belustigten Augenzwinkern sehen. Tut einer beides, dürfte eine für alle erträgliche, akzeptable und angenehme Mischung entstehen.

Bayern-Kurier München

Seit 1933 ist die Zahl der Verurteilungen wegen Wilderei in Deutschland erheblich zurückgegangen, nämlich von 5733 auf durchschnittlich 1020 im Berichtszeitraum; innerhalb des Berichtszeitraums selbst ging sie ebenfalls zurück, 1954 waren noch 1163 Personen verurteilt worden, 1963 nur noch 789. Dieses Ergebnis ist wesentlich auch auf die zivilisatorische Entwicklung im Volke zurückzuführen und nicht etwa nur auf den Verlust der wald- und wildreichen Gebiete im Osten.

Dieter Lorbacher, Inaugural-Dissertation
»Die Jagdwilderei«

Die Frau verscheuchte den alten Bock

Wenn ich mich irre, lasse ich mich gern belehren. Frauen sind für das Waidwerk nicht so recht geeignet. Ich waidwerkte schon einige Wochen lang auf einen heimlichen Bock. Ganz selten trat er aus, den Einstand hatte er an einem Hang oberhalb eines einsamen Fabrikchens mitten in unserem Eifelrevier, wo sechzig Arbeiter in einer Tiefe von sechzig Metern im Untertagebau rheinischen Blauschiefer förderten.

An einem Sonntagnachmittag marschierte ich mit meiner Frau aus unserer Eltztalmühle ins Revier. Ich hatte ihr versprochen, nicht zu schießen. Der Sonntagnachmittag konnte wahrhaftig nichts dafür, daß er so schön war um unser Schieferfabrikchen. Nachtigallen schlugen am hellen Tage. Jagdhüter Hans, der wochentags auf der untersten Sohle des Bergwerkchens arbeitete, hatte die bewaldeten Hänge um das Werk unter Kontrolle. Er kannte jedes einzelne Stück Rehwild, und wie heimlich jener Bock war, wußte er auch. Ich muß es leider sagen, der Bock war ein Filou. Hans sagte es öfters im Ton des knurrenden Vorwurfs: diesen Bock würden wir nicht kriegen. Wir sind beide keine herzensgebildeten, sanftmütigen Tierschutzpazifisten und Humanisten. Aber den sollten wir nicht kriegen?

Der Sonntagnachmittag war appetitlich schön. Mal sah man einen Bauern im Sonntagsstaat über die Felder staken. Unser Fabrikchen im Revier schlief. Dann der Pastor im schwarzen Habit, meditierend und wahrscheinlich mit einem Augenblinzeln nach den Hasen schauend, von denen ich ihm zur Weihnachtszeit gewissermaßen als Deputat einen bringen werde. Er verdient alle Bewunderung, wie er da meditierend sein schwarzes Büchlein schwenkt.

Nun folgt der Augenblick, wo eine kleine Schneise hangab in mein und meiner Frau Blickfeld gerät. An der hier geeigneten Stelle meiner Erzählung muß ich den unterdrückten Ausruf meiner Frau: »Da!« unterbringen. Wir hatten den Bock, vertraut auf der Schneise stehend, äsend, versteht sich, am hellbeschienenen Sonntag gegen sechzehn Uhr zur gleichen Zeit gesehen. Nun sage noch jemand, ein alter, heimlicher Bock sei nicht zu überlisten.

An einem jungen Eichenstamm strich ich den Drilling an. Der Bock bemerkte uns noch nicht; Entfernung sechzig bis siebzig Gänge. Doch dann mußte ich an meinen ersten Satz denken: Frauen sind für das Waidwerk nicht so recht geeignet. Sie hätte dem Prinzen da auf der Schneise am liebsten einen leichten Pritschenschlag gegeben. Aber das ließ die Entfernung nicht zu. Bevor ich den Bock im Fadenkreuz hatte, machte meine Frau laut und deutlich »Kscht, kscht!« und klatschte in die Hände. Der Bock war weg. Um die Pointe gleich vorwegzunehmen: Wir haben ihn nie bekommen.

»Du hattest mir versprochen, nicht zu schießen.« Man hat noch keinen Satz gefunden, aus dem schlüssig hervorgeht, warum Frauen so törichte Sachen machen. Im Topf hat sie gerne einen Rehbraten.

Spätkapitalistische Jagdbetrachtung

Nadlerpunkte – die zählen

Aus Ungarn heimkehrender Jungjäger, Kaufmann (53)

Als Staatsratsvorsitzender unserer Deutschen Demokratischen Republik stelle ich fest, daß Sie, die Herren Botschafter der uns befreundeten Nationen, hier in der Magdeburger Börde 805 Kreaturen – oder wie sagt man – bei dieser Diplomatenjagd erlegt haben. Ich kann nur sagen: Waidmannsheil! *Walter Ulbricht*

Jawohl, früher kostete der Hektar an Jagdpacht achtzig Pfennig, heute bekommen wir vierundzwanzig Mark. Die Gemeinde will leben. Haben Sie was dagegen, daß der Jagdpächter die Kommunionskinder mit Kleidern ausstattet oder ein neues Kirchenfenster stiftet?

Bürgermeister eines Eifeldorfes

Bis vor kurzem wurde das Eifelwild der AEG nicht nur im Winter, wenn Eis und Schnee die natürliche Äsung überkrusteten, »künstlich ernährt«, sondern auch im Sommer vom Hegepersonal gefüttert. In dem benachbarten Großraumrevier, auf das der Düsseldorfer Mannesmann-Konzern abonniert ist, stehen die Hirsche, Rehe und Mufflons ebenfalls gut im Futter. Davon konnte sich 1960 der Jagdkönig im Mannesmann-Revier, Eugen Gerstenmaier, überzeugen. *Der Spiegel*

Die 200000 DM jährlich für die Eifeljagd sind eine versteckte Zuwendung an die Vorstandsmitglieder, deren Jagdvergnügen wir bezahlen müssen.

Kleinaktionär in einer AEG-Hauptversammlung

Noch heute stellt das Wild bei uns eine »Gefahr« für den Benutzer neuerschlossener Autobahnen dar; noch müssen die Bewohner großstädtischer Villenvororte ihre – der Mode gemäß nicht mehr umzäunten – Gartenanlagen gegen Wildverbiß und Befegung sichern, Schäden, die nur teilweise durch den toten Hasen ausgeglichen werden, welcher sich gelegentlich im Swimming-pool anfindet.

Peter Mörser

Ein Jagdpächter ließ sich als Jagdhütte eine Bungalowstadt für sich und seine Freunde mit fünf Kilometer entferntem Privatlandeplatz errichten, von dem ihn nach einer Ehrenrunde über der »Hütte« der bereitstehende Pkw-Fahrer abzuholen hat.

Nachrichtenblatt des Deutschen Jagdschutzverbandes für Nordrhein-Westfalen

John B. Bell, amerikanischer Geschäftsmann: »Das verstehe ich nicht ganz. Sie machen keine Geschäfte mit der ungarischen Regierung, aber sie zahlen ihr 10000 Forint, um dort einen Hirsch schießen zu können.«
Frau Puschler: »Was können wir dafür, daß in Ungarn das schönste Rotwild steht.«
John: »Aber Sie wollen mit diesen – wie sagten Sie? – Untermenschen nichts zu tun haben.«
Puschler: »Ja, als Geschäftsmann, aber doch nicht als Mensch. Ein Hobby muß man ja schließlich haben.«

Das »Kom(m)ödchen« Düsseldorf

Kommen Sie zum Abschuß! In Kuusamo (Nord-Finnland) ist ein Landbär (Ursus Arctos) eingekreist worden. Nach Berichten dortiger Rentierhüter handelt es sich um ein besonders stattliches Tier, das vor dem Winterschlaf unter anderem mächtige Baumstümpfe umgedreht hat.

Bären-Offerte aus Finnland

213 Trophäen stellte der Brauereibesitzer Carl Horst Andreas (Andreas-Pils, Hagen) in seiner Heimatstadt öffentlich zur Schau, darunter elf Elefantenschwänze, eine Flußpferd-Oberlippe mit Nasenlöchern und ein Krokodilbaby: »Alles von mir persönlich geschossen und dann präpariert und verarbeitet.« *Der Spiegel*

Es gibt einen »Butter-Berg«, und es gibt einen »Jungjäger-Berg«.

H. G. v. Lindeiner-Wildau, Botschafter a. D.

Hirsche verbeugen sich vor den Zuschauern: Wildfütterung

Hier, in Leutasch in Tirol, wird es in der Dorfkirche noch keine Läuteanlage geben, Mesner und Mesnerin läuten noch von Hand. Mittags um zwölf und Ende Jänner um siebzehn Uhr, wenn der Tag sich neigt, geht das ruhige Bimbam vonstatten; nur sehr kurz, ich schätze fünfzehn Schläge. Irgendwo in den Bergspalten verfängt sich das Echo. Der Tag geht zu Ende. Der Omnibus aus Seefeld, Menschenfracht meist im Après-Ski-Dreß, dreißig Schilling pro Nase, ist bereits da. Was gezeigt wird, ist dies: die tägliche Wildfütterung.

Beim letzten Bimbam tritt hinterm Gasthof, am Rande des Fichtenbestandes, siebzig Meter vom Mist der Försterei entfernt, ein Wildkalb heraus. Wohl, man muß sagen, der Förster ist keine Ganghofer-Figur, obwohl er einen wallenden Rauschebart trägt nebst halblanger Pfeife; ein Kopf, wie ihn Ganghofer vorgeschrieben hat. Der Ganghofer hat tatsächlich hier, in Oberleutasch, gelebt und über das Rezept nachgedacht: wie schreibe ich einen Bestseller. Aber der Förster hat einen viel moderneren Zug.

Er hat mitten auf dem Weg ein Kästchen mit einem Schlitz aufgestellt, groß wie ein Tiroler Postbriefkasten, und hier, indem er unauffällig hineinschielt, hält er es mit der doppelten Buchführung. Neben einem Blick auf die, die was geben, und einem Blick auf die, die nichts geben, wobei er sich allerdings mit stiller Verachtung begnügt für die, die nassauern, murmelt er leise mit dem Rotwild. Denkt an die hungernden Tiere, steht unsichtbar über dem Kästchen.

Zu dem einen Wildkalb gesellen sich noch drei und vier Kälber, dazu drei und vier Schmaltiere und drei und vier Alttiere. Sichernd stehen sie vor dem Fichtenhintergrund und lassen sich von der Öffentlichkeit beäugen.

Niemand applaudiert, als der erste Hirsch austritt, obwohl er es verdient hätte. Es scheint ein Zwölf- oder Vierzehnender zu sein, genau kann man das beim schwindenden Tageslicht nicht mehr sehen. Aber das Haupt ist breit, Wamme und Träger stark ausgebildet. Würdevoll und ernst wie ein Bulle nimmt er etwas Heu vom Boden, geht nicht an die Raufen der Futterstelle. Er verbeugt sich, so scheint es, vor den Zuschauern. In der Hierarchie des Rotwildes, in der sozialen Rangordnung, ist die »ausgeprägte Dominanz« (Verhaltensforscher Portmann) der »dicken« Hirsche erkennbar. Es gibt »Hierarchien am Futtertrog«, »das Recht auf bevorzugte Sonnen- oder Schattenplätze« und »Begattungsvorrechte« (Portmann).

Wo immer ein Hirsch solcher Qualität auftritt, und es treten noch drei oder vier geringe auf, aber auch über ein Dutzend junge Hirsche, Trophäenträger vom ersten und zweiten Kopf, Spießer, Gabler und Sechser, sogar ein Kronenzehner, wird sofort die soziale Rangordnung deutlich.

Die »dicken« Hirsche sind von großer Würde. Das Wort Hoheit darf man ruhig verwenden. Die Natur hat sich da allerhand Mühe gemacht.

Mehr blieb von der Fütterung in Leutasch nicht zu sagen, denn man sah schließlich nur noch die Schemen der Tiere. An die fünfzig Stück Wild waren an der Futterstelle, und jedesmal war es, wenn ein Hirsch austrat, als ob er unter dem Konflikt leide, dem halben Hundert neugieriger Zuschauer sein Geweih vorzeigen zu müssen. Das Wild nahm Heu, Kastanien und Eicheln an; Rüben und Kartoffeln hatten sie in Tirol nicht zur Hand.

Der wallende Rauschebart flüsterte, weshalb man überhaupt füttere. Es sei ein Notbehelf, geboren aus dem unnatürlichen Zustand des Waldes. Laubwald, Mischbestände mit Waldsträuchern, gebe es hier nicht mehr, Fichte und Lärche marschierten bis zur Baumgrenze. Dem Ganghofer konnten noch gute Sachen einfallen. Rasch noch ein Bild aufnehmen. Das riesige Rudel achtet den neugierigen Menschen nicht, seine Gottähnlichkeit scheint fort zu sein. »Very nice«, sagte eine Engländerin, »interessant« eine deutsche Besucherin zum Förster. Der Bus setzte sich nach Seefeld in Marsch. Aus dem Repertoire des Busses ertönt plötzlich ein Marsch: Ich schieß den Hirsch im wilden Forst. Warum auch nicht, im Bus? Nicht das ganze Rotwildrudel zieht in der Leutasch seine Fährte. Von weit her ist das Rotwild hierhergekommen.

Es gibt manche Lamentation über die Wildfütterung. Man hole das Wild von weit her aus fremden Revieren heran. Nichts ist in der Tat falscher als die Konzentration großer Wildrudel an wenigen Fütterungen. Hier können wir dem alten Raesfeld/Frevert folgen: »Die Kälber, Schmaltiere oder geringen Hirsche, die das Futter am nötigsten hatten, werden abgeschlagen. Krankheiten und Schmarotzer werden leichter übertragen. Der Schälschaden in den dem Futterplatz nahe liegenden Beständen wächst ins Unerträgliche. Daher ist es erforderlich, möglichst viele und möglichst weit entfernt voneinander liegende Futterplätze einzurichten. Im Hochgebirge wird sich dieser Grundsatz nicht immer durchführen lassen, aber die Massierung von 80 oder 100 Stück Rotwild an einer Fütterung, wie ich es in Oberbayern oder im Harz erlebt habe, ist in jeder Beziehung abzulehnen.« Das Wild, das sagen die alten Jagdpraktiker, müsse mehr zum Ziehen veranlaßt werden; das Wild müsse sich bewegen, was im Winter sehr wichtig sei. So würde jedes Stück Wild – dies Zitat ist nicht von Goethe – im Winter seinen Mann stellen.

Jagdsprüche – Floskeln

Was meine Frau sagte, wenn ich von der Diplomatenjagd zurückkam? Theodor, sagte sie, ich bin dankbar für jeden Tag, wo du an der frischen Luft bist. *Theodor Heuss*

Da haben Sie dieses arme Tier über den Haufen geschossen.
Heinrich Lübke

Wenn man einmal dabeigewesen ist, reicht's. Man müßte den Hasen und Fasanen vorher Unterricht in Lebensrettung geben. *Gustav Heinemann, Bundespräsident*

Fuchs kann immer kommen.
Albert Falke (51), den Jagdgast anstellend

Der Jäger liebt das Zielwasser, die Fröhlichkeit und den Gesang, und wo das grüne Moos so weich ist, da zieht er, wenn es sich gerade so ergibt, ein errötendes Mädchen in seinen Schoß. Manchmal glaube ich, daß dieser etwas antiquierte Ruf viele Leute ihr Herz für die Jagd entdecken ließ. *Wilhelm Herbert Koch, Redakteur*

Es soll mich nicht wundern, wenn die Jägerei auch den Sprechfunk einführt. Herr Generaldirektor, kommen Sie bitte sofort zum Hochsitz im Jagen 16, der starke Bock tritt gerade aus der Kultur aus. *Kollege des Redakteurs Koch*

Jäger sind faule Menschen. *Konrad Adenauer*

Schießen Sie doch dem Hirsch mal auf den Pelz.
Helmut Kohl, Ministerpräsident

Zur »Jagd« dies: Jägerei ist eine Nebenform von menschlicher Geisteskrankheit, von der ich nie befallen war. Aber: sie *ist*. Auch Diplomaten und deutsche Staatsmänner, die dafür gelten, die sich dafür halten, sind anfällig. Es ist ein Politikum, nicht ohne Reiz: Mitten in der ärgsten Triestkrise hatte ich den jugoslawischen und den damaligen italienischen Botschafter an einem behaglichen Tisch und beim Schießen 100 m voneinander entfernt, auf Fasanen lauernd. *Theodor Heuss in »Tagebuchbriefe«*

Durch meine Jägerei kam ich schon 1935 auf die Idee, mir einen eigenen Wildpark für Rotwild anzulegen. Immer, wenn die Brunftzeit kam, wurde mein Weltrekord-Hirsch »Herkules« zum Springpferd. Wenn es ihn dann packte, sprang er über einen 2,20 Meter hohen Zaun, und der wurde ihm dann zum Verhängnis. *Georg von Opel*

Die Treiber berichteten, daß vor Szigmond Széchényi, dem erfolgreichen Afrika- und Alaskajäger und Jagdschriftsteller, bereits ein ganzer »Haufen« Sauen läge. Er schoß meisterhaft, aber seine Strecke übertraf alles, was wir erwarten konnten. Er hatte sechzehn Sauen verschiedener Größe erlegt!

Endre Graf Csekonics in »Im Land der 363 Jagdtage«

Mich beseelte immer eine Haßliebe zum Volk der Raben, und wollüstig genoß ich daher den Schuß auf diese feigen, schmutzigen, allgegenwärtigen und von Gott ungerechterweise mit ausgewähltem Verstande begabten Vögel.

Friedrich von Gagern

Nicht nur Pulver und Blei, sondern auch das Gewehr kann so zubereitet werden, daß der Freischütz ständig trifft. Ich habe es noch erlebt, daß alte Jäger eine Jungfrau über ihr Gewehr springen ließen, wenn sie zur Jagd auszogen.

Arno Beurmann in »Der Aberglaube des Jägers«

Es wird empfohlen, für ein Jägerfrühstück im Freien Pfeffer und Salz in festschließender Büchse mitzunehmen, damit kein Salz verschüttet werde, was der Jägeraberglaube als böses Omen ansieht. *Aus einem Baltischen Kochbuch*

Ja schon der Jäger aus Kurpfalz nahm oft und gerne Bullrichsalz. *Alter Berliner Wandspruch*

Wenn du dir deinen besten Freund zum Todfeind machen willst, pachte mit ihm eine Jagd. *Alte Jägerweisheit*

Achtung! Fasanenhähne! Schießbare, vollausgewachsene Fasanenhähne und Hennen aus großen Flugvolieren, äußerst wild, erste Qualität, liefert preisgünstig Ihre

Wildfasanerei Ludwig Schücker, Oeding

Nach 35jähriger Zucht ist es im Georg-von-Opel-Freigehege gelungen, Rothirsche heranzuziehen, die hinsichtlich des Geweihes Weltrekordgewichte aufweisen. Ein Hirsch vom 8. Kopf hat 1970 innerhalb von 100 Tagen Stangen von 16 kg Gewicht geschoben. *»Wild und Hund«*

Das Verfasser-Ehepaar schildert sein Zusammenleben mit den Igeln nicht nur mit Liebe, sondern auch mit wissenschaftlicher Gründlichkeit. *DJV-Nachrichten*

Ein Münchner Diplom-Ingenieur stellte in seiner Doktorarbeit am Elektrotechnischen Institut der Universität Karlsruhe fest, daß etwa 65 % der Kurzschlüsse an 110- bis 150-kV-Hochspannungsleitungen durch Mäusebussarde verursacht werden. Die Vögel benutzen die Traversen der Hochspannungsmasten als Ansitze und sollen mit ihrem Kotstrahl die Brücke zwischen Mast und Freileitung kurzschließen. *ABN/DNR*

Wir sind neben der Polizei und der Bundeswehr die einzigen Waffenträger der Nation.

Aus einem DJV-Podiumsgespräch

Bitte nicht auf die Nachbarschützen schießen

Jedes Jahr zweimal macht der Chef des Protokolls im Auswärtigen Amt in den Sprachen Deutsch, Französisch, Englisch und Spanisch den Diplomaten gedruckt plausibel, daß die Waffe mit der Mündung stets nach oben zu tragen ist und der Schütze nicht auf Nachbarn schießen darf. »Sind sich Schützen und Treiber gefährlich nahe, so darf nicht in ihre Richtung geschossen oder gezielt werden. Es ist verboten, auf Wild zu zielen, wenn sich Jäger oder Treiber in der Visierlinie befinden.« Die Diplomaten in freier Wildbahn, von denen manche zum ersten Male eine Büchse führen, brennen vor Begier, über Kimme und Korn alle möglichen Probleme anzuvisieren. Aber in zwei Jahrzehnten Diplomatenjagd ist noch keine Katastrophe passiert, noch kein Nachbarschütze vom Nachbarschützen erlegt worden, noch mußte abends ein Treiber zur Strecke gelegt werden. Möglich, daß man an den Spruch dachte: Wer einen Treiber erschießt, muß die Witwe heiraten. Von den Diplomatenjagden ist die Rede.

Es ist absurd, zu sagen, die Bundespräsidenten Heuss, Lübke und Heinemann, die Bundesaußenminister von Brentano, Schröder, Brandt und Scheel hätten nichts vom Waidwerk, vom Jagen, von der Diplomatie über Kimme und Korn verstanden. Theodor Heuss hat sich zum Beispiel in seinem Briefwechsel mit Frau Toni Stolper bemerkenswerte Gedanken über Diplomatenjagden gemacht. Man kann auch im nachhinein nicht erwarten, daß er für solche Sprüche, die durchaus erhaben klingen, von Jägern Applaus bekommt. In seinen »Tagebuchbriefen 1955 bis 1963« hat er (auf Seite 106) den Jäger solcherart als Delinquent unter sein BuPrä-Fallbeil gelegt, Datum 2. 12. 55, abends $9^3/4$ Uhr:

»Zur ›Jagd‹ dies: Jägerei ist eine Nebenform von menschlicher Geisteskrankheit, von der ich nie befallen war. Aber: sie *ist.* Auch Diplomaten und deutsche Staatsmänner, die dafür gelten, die sich dafür halten, sind anfällig. Es ist ein Politikum nicht ohne Reiz: mitten in der ärgsten Triestkrise hatte ich den jugoslawischen und den damaligen italienischen Botschafter an einem behaglichen Tisch und beim Schießen 100 m voneinander entfernt, auf Fasanen lauernd. Der BuPrä als solcher hat keine ›Jagd‹ – das ist ›Ländersache‹. Aber Nordrhein-Westfalen stellt eine Staatsjagd zur Verfügung. Meine Funktion: am Vorabend ein Essen für 12–16 Herren, am Tage acte de présence bei vier Treiben – die Jäger stehen in einer langen Reihe, und die Treiber scheuchen das Wild auf. Ich tue gar nichts, sondern besuche, wenn nichts los ist, die einzelnen Herren und plaudere mit ihnen. Ich habe nie eine Flinte in die Hand genommen und mir nie, wie alle anderen, ein

Jagdkostüm angeschafft, sondern spaziere im Straßenanzug. Aber einige Leute schwören seitdem auf mich, d.h. auf meine ›Ironie‹ – der abservierte Minister Dr. Lehr, der gestürzte niedersächsische Min.-Präs. Kopf, die ich einlud, als sie ›Figuren‹ waren und im Lichte standen, werden weiterhin von mir eingeladen, weil sie menschlich honorig sind. Das ist keine ›Taktik‹ gewesen, sondern das einfache Gefühl: die Leute sollen sich von mir nicht abserviert empfinden.«

Es ist klar, daß Waidmänner einem Staatsoberhaupt, das solcherart seine Jagdgedanken zu Papier bringt, keine Feierstunde bereiten. Denkbar unpompös hatte der BuKa Adenauer seine Meinung über die Nimrode geäußert, und zwar zu dem damaligen Berliner Senator Dr. Günther Klein, dem Bevollmächtigten Berlins in Bonn: »Ich höre, Sie sind 'ne Jäger.« Und dann, nach drei Sekunden Pause, und es wurde eine Bereicherung der deutschen Klassikersprache: »Jäger sind faule Menschen.« Dem BuPrä Heinemann wird es gewiß Unbehagen bereiten, hier mit Adenauer in einem Atemzug genannt zu werden. Er tat bei seiner ersten Diplomatenjagd im Herbst 1969 im Vluynerbusch am Niederrhein, als die Jagd angeblasen war, den Satz: »Jetzt müßten die Hasen doch gewarnt sein.«

Es ist überall die gleiche Tonart: Die Mischung von Scherz und Drüberstehen, von Rührung und Entsetzen, daß man die »armen Tiere über den Haufen schießt« (Heinrich Lübke).

Die Herren wußten alle und haben es wohl erfahren, wie man geringe oder kapitale Böcke schießt. Es war für die Waidmänner immer etwas zum Schmunzeln, wenn

der Bundespräsident Heuss oder der Außenminister von Brentano bei solchen Jagden, denen sie beiwohnten, auch wenn sie keine Gewehre trugen, in blühender Unschuld und von keiner Kenntnis der Waidmannssprache getrübt, beim Hasen von Füßen, Augen, Ohren und Schwanz statt von Läufen, Sehern, Löffeln und Blume sprachen. Und Heuss sprach nicht von Sauen, also von Wildschweinen oder Schwarzwild, sondern rundheraus von »Säuen«.

Jedes Jahr veranstaltet der Bundespräsident – zum erstenmal 1954 – zu Beginn des Winters eine Diplomatenjagd auf Niederwild, die bis 1968 im Geisterholz bei Oelde in Westfalen stattfand, seit 1969 im Vluynerbusch bei Dinslaken am Niederrhein veranstaltet wird. An ihr nehmen nur Missionschefs, das heißt Botschafter, teil. Fasanen und Hasen werden gejagt. Bei einer zweiten, nachfolgenden Jagd war einige Jahre lang im selben Revier Geisterholz der nordrhein-westfälische Landwirtschaftsminister der Jagdherr. Daß die Jagd nicht nur eine Sache der diplomatischen Missionschefs, sondern auch der »zweiten Garnitur« der Bonner Diplomaten wurde, hat diese Jagd besonders bewiesen.

Eine zweite große Drückjagd fand seit Anfang der fünfziger Jahre auf weibliches Rotwild und auf Sauen statt. Bis 1969 wurde sie im Soonwald im Hunsrück veranstaltet, 1970 das erste und letzte Mal im Reinhardswald bei Kassel. Jagdherr waren hier die Außenminister, die sich jeweils vertreten ließen durch die Jäger im Bundeskabinett, Hans-Joachim von Merkatz, Rolf Dahlgrün und zuletzt Lauritz Lauritzen. Die Jagden blieben nicht ohne kritische Betrachtung von außen, was ihnen nur bekömmlich sein konnte. Obwohl die Forstbeamten von Rheinland-Pfalz und Hessen alle Jagden hervorragend ausgerichtet hatten, wurde Unmut laut. Vielleicht muß man es genauer fassen und sagen: Weil ahnungslose Journalisten etwas kolportagehaft die Aufmerksamkeit auf Dinge lenkten, die sich einprägten, aber kaum einprägsam gewesen wären. Ein dunkelhäutiger Botschafter, so hieß es 1970, habe mit Hühnerschrot auf Hochwild gefeuert. Diese Meldung traf das, was dann auch alle Jäger zu meinen Anlaß hatten: Ärger überkam sie, und es wäre in der Tat Grund genug gewesen. Aber wo sollten wir hinkommen, wenn alle Pressemeldungen bare Münze wären. Die Meldung war falsch.

Nachdenklich hingegen machte die Problematik von Drückjagden auf Schalenwild überhaupt, nämlich der wahllose Abschuß. Wenn der Bundesaußenminister und der Präsident der deutschen Jägerschaft zu einer Tasse Kaffee zu mir kommen wollen, können wir den Fall bereden. Der Außenminister, der sich rechtschaffen und staatserhaltend zeigte, hat sich der Einsicht des Präsidenten Anheuser gebeugt: Da alles Schalenwild einer strengen Abschußplanung unterliegt, die nach Altersstufen und Qualität gegliedert ist, wird es 1971 die Drückjagd des Außenministers auf Schalenwild nicht mehr geben. Als Ersatz wurde eine weitere Niederwildjagd ins Auge gefaßt. Machen wir einen Bogen um das Problem Drückjagd auf Schalenwild und zitieren den alten Professor Emanuel Geibel: O rühret, rühret nicht daran!

Diplomaten brannten immer darauf, alle möglichen Probleme über Kimme und Korn anzuvisieren. Eine Diplomatenjagd reiht Erkenntnis an Erkenntnis. Nicht nur, daß ausländische Diplomaten zum Teil Standbilder der deutschen Lodengesinnung geworden sind. Farbige Diplomaten sehen im deutschen Lodenanzug allerliebst aus. Nach der Jagd wird immer wieder die Frage gestellt, ob nicht der Nebel, den man an diesem Jagdtag erlebte, ein wichtiger Bestandteil des diplomatischen Metiers überhaupt sei. Aber die Herren Diplomaten lenken dann freundlicherweise auf ein anderes Thema ab. Selbst wenn man nur einige flüchtige Einfälle über Jagd und Diplomatie niederschreibt: Nebel kann man nicht unterschlagen.

Raststätte »Am Löns« – die Zeit hat starke Zähne

Man läßt sich gern von der fachmännischen Genauigkeit beeindrucken: Ja, er wisse, sagte der Lehrer aus Bremen mit seiner dringlichen, eingängigen Stimme, der seine Schulklasse mit Dreizehn- und Vierzehnjährigen mit dem Omnibus hierhergebracht hatte, nationalistische Gedanken von einst seien nicht mehr gefragt, Gott sei Dank. Aber die Tiergeschichten dieses Hermann Löns seien doch das Beste ihrer Art gewesen, noch heute finde man einige in Schulbüchern.

Obwohl Hermann Löns aus dem westpreußischen Kulm stamme und im westfälischen Münster groß geworden sei, sei er doch – so der Lehrer oberlehrerhaft – der große Beschreiber der Lüneburger Heide, mit einem stark sinnlichen und düsteren Lebensgefühl, mit dem er besonders die hintergründigen, spukhaft-grausigen Züge der niedersächsischen Bauernwelt erfaßt habe. Wir traten an das Grab auf dem Hügel, einem Mini-Mittelgebirge in der Lüneburger Heide, bestückt mit hundert und aberhundert Machandelbäumen, wie Löns den gemeinen Wacholder in seinen Büchern immer genannt hatte.

»Hier ruht Hermann Löns« ist in den Findling gemeißelt, darunter eine Rune, die Wolfsangel. Inmitten der Machandelbäume, Kiefern, Birken, Fichten, Ebereschen und Lärchen, von denen er die älteren Exemplare alle hat heranwachsen sehen, ruht er. Hier ruht der einstige Journalistenkollege, »Gefallen am 26.9. (1914) bei Loivre (bei Reims). Ehre seinem Andenken!«, wie sein Zugführer, der Feldwebel, in Löns' Tagebuch mit eilender Schrift hingeworfen hatte. Vier Doktor-Dissertationen gibt es inzwischen über den Toten.

Melancholisch steht auf einem anderen Denkmal, hundert Meter entfernt: »Hermann Löns – Dem Dichter, der hier einst geweilt, zur Erinnerung«. Drumherum das Lächeln der Heidelandschaft, wo es so gut wie keine Heide mehr gibt, es sei denn die künstlich um den Findling angepflanzte. Wie der Kiefernstamm aufglüht in der Dämmerung, wie ophelienhaft die Schwermut des Moores sich darstellt – dem Fremden wird es kaum gelingen, dieser Landschaft Herr zu werden, ohne sich beim alten Löns Hilfe zu holen. Diese Landschaft ist nicht üppig, obwohl sie üppig ist. Wer von Tostedt über das Königsmoor (dort steht ein Findling zwischen Kiefern und Porst, »Rolf Dahlgrün« und ein Eichenblatt eingemeißelt) nach Soltau und Fallingbostel wandert, dem fällt es ein, zu sagen, das könnte auch in der Fontaneschen Mark sein.

Bei Honerdingen, Landkreis Fallingbostel, also liegen die Gebeine des Bestseller- und Longseller-Autors, 1934 aus Frankreich heim in die Lüneburger Heide geholt, dessen Auflagenhöhe bei zehn Millionen Büchern liegt, dessen »grünes«, »braunes«, »blaues« und »buntes« Buch ganze

Jägergenerationen, dessen Lieder »Der kleine Rosengarten« die Zupfgeigenhansels und Wandervögel der zwanziger Jahre entflammten, der 1955 mit »Kraut und Lot« sogar in der DDR herauskam. Das deutsche Soldatenvolk aller Couleur der Reichswehr, der Wehrmacht, der Bundeswehr und der Nationalen Volksarmee der DDR sangen Löns: »Es stehn drei Birken wohl auf der Heide«, »Heiß ist die Liebe, kalt ist der Schnee«, »Rosemarie, sieben Jahre mein Herz nach dir schrie«, »Horch, wie der Tauber ruft« und die Wehrmacht sogar »Gib mir deine Hand, deine weiße Hand, leb wohl, mein Schatz, leb wohl, denn wir fahren gegen Engelland.«

Sein Aug' war nicht nur Heide, Moor, Blumen, Jagd und lichten Himmel gewohnt, er war auch ein »Casanova im Loden« (»Der Spiegel«); nebelhafte Gerüchte laufen um von Bauerntöchtern und Hahnreis. Kontinuierlich ist der Löns die Dörfer und Heidjerhöfe abgepürscht, und überall war so weich das grüne Moos. In seinem Roman »Das zweite Gesicht« hat er seiner Base Hannah Fueß, im Roman Swaantje Swantenius genannt, Geburtsjahrgang 1885, ein Denkmal gesetzt, von der mir ein Dutzend Förster und Heidebauern der Lüneburger Heide übereinstimmend in den fünfziger und sechziger Jahren erzählten, sie lebe noch im Kloster Wienhausen bei Celle.

Vielleicht war es Zeichen und Wink, daß mir am Lönsdenkmal Mattes Otto aus Honerdingen über den Weg lief, geboren 1910: er schaute den Besucher mild, geduckt und verwirrend an, krumm an Leib und Seele, Haupthaar und Bart wie Karl Marx. Sein Leben lang hat er hier den Schäfer gespielt. Das Männeken sah jetzt wie ein kleines, verlorenes Bündel aus. Mattes Otto ist seit 1970 nicht mehr Schäfer, die Heidschnucken sind abgeschafft. Er schob ein Fahrrad über den Löns-Hügel, trug umgehängt ein Täschchen, in dem er Ansichtskarten mit sich führte, das Stück zu 1,50 D-Mark.

Heidschnucken hätten hier auch heute ihren Gemütswert. Jetzt aber sind am Grab andere Requisiten unentbehrlich. Es steht dort eine Raststätte »Am Löns«, aber vielleicht ist das nur ein Präpositionskasus der Gastronomie. Am Löns? Und es steht dort zu lesen »Erfrischungshalle, Souvenirs, Süßwaren, Inh. E. Buchwald«, und Frau Buchwald sagt: »Während der Heideblüte kommen zwölftausend Menschen an jedem Sonntag.« Sie verkauft als Mitbringsel Edelkitsch, Biergläser und Schnapsgläser mit Lönsgrab und Lönsporträt. Und es steht da, alles um die Gebeine herum: »Privatparkplatz, gebührenpflichtig 1 DMark, Parkversicherungsschein am Kiosk lösen.« Ferner: »Die Grabstätte des Dichters H. L. steht in Obhut des Kreises Fallingbostel.« Ferner: »Nur Wege benutzen.« Ferner: »Das Rauchen im Walde laß sein / Das Papier in den Korb hinein / Die Heide laß bitte stehn / Viele Leute wollen sie sehn.« Ferner als Denkmalsspruch: »Laß Deine Augen offen sein / Geschlossen Deinen Mund / Und wandle still, so werden Dir / Geheime Dinge kund. H.L.«

Biege um die Ecke, denn dort liegt der NATO-Schießplatz Fallingbostel-Bergen-Hohne. Um die Ecke sind die Briten beim Polospiel, und sie sind eine Spezies für sich. Ach, und es liegt auch, etwas nach Süden, Bergen-Belsen da. Und etwas lärmenden Vormittag verbreitet eine Bundeswehrkompanie mit der Bazooka, der Panzervernichtungswaffe, als NATO-Gebrauchsgegenstand. Schönheit und Harmonie der Lüneburger Heide kehren plötzlich wieder zurück, und es soll keine Ironisierung dabei sein, wenn ich es so verbal sage: Die Soldaten singen wahrhaftig Löns: Von der Lüneburger Heide, von dem wunderschönen Land, von den Bracken und den Bellen und vom Muskatellerwein, rote Hirsche woll'n sie jagen. Ein Unteroffizier marschiert da mit und hat eine Haarmähne wie der Bomber Gerd Müller von Bayern München; aber das habe der Herr Minister erlaubt, sagt der Oberleutnant, wenn man dazu ein Haarnetz trage, die Mode sei im Wandel.

Da liegt nun, ganz still und stumm, die Wiese, ein Rinnsal, ein Kleeschlag. Am Rande des Kleeschlags steht der Bock. Dahinter Wälder und Artilleriegranaten, die rauschen für und für. Ich robbe mich an den Bock heran. Es drängt mich, noch ein Wort zu sagen: Ob Hermann Löns, dessen Grab einen Kilometer entfernt liegt, meinen Schuß gehört hat, durch den der Bock tot in den Klee sank? Manchmal denke ich, was der Löns zu alledem sagen würde. Ob alles zusammengestürzt ist in ihm? Ob es das noch gibt, die »schönste poetische Verklärung, die er der deutschen Jägerei gegeben hat«? (Löns-Biograph Wilhelm Deimann). Merke: Die Zeit hat starke Zähne (Sprichwort aus der Lüneburger Heide).